古都

こと

Kawabata Yasunari かわばたやすなり

［日］川端康成 著 谭晶华 译

CTS 湖南文艺出版社
HUNAN LITERATURE AND ART PUBLISHING HOUSE

目录

古都

春之花

千重子发现枫树树干上的紫花地丁开花了。

“啊，今年又开了。”千重子邂逅了春季的温暖。

在市内狭窄的庭院里，这棵枫树真的要算是大树了，树干比千重子的腰围还要粗。当然，那古老粗糙的树皮上长满了青苔，与千重子纯真婀娜的身姿是无法相比的……

枫树的树干在齐千重子腰际的高处，略向右倾斜；到了她头顶上方便愈发向右拐了。弯曲处伸出各条分枝，绿叶遮住了整个庭院。长长的树梢沉沉下垂着。

在树干弯曲处的下方，似有两个洼眼，两处均生出了一株紫花地丁。而且，每逢春天就开花。自打千重子懂事起，这棵树上就长有两株紫花地丁。

上面的紫花地丁与下面的相距一尺左右。业已妙龄的千重子想过：“上下两处的紫花地丁可曾有过相逢？它们是否相识呢？”但所谓紫花地丁的“相逢”与“相识”，又是怎么回事呢？

花开三朵，多的时候开上五朵，年年春季如此。不过，每年春天，它们在树上的洼眼里都是先抽芽再开花。千重子有时在走廊上遥望，有时站在树干底下仰视，既有被树上紫花地丁的“新生命”感动之时，又有深感其“孤独”的时刻。

“长在这样的地方，竟能活下去……”

来到店里的顾客夸赞老枫树的茁壮，但能够意识到树干上还开着紫花地丁的人却寥寥无几。在长有老树瘤的粗大树干上，青苔蔓延到了高处，更是增添了枫树的威严和雅致。所以树干上小小的紫花地丁就很难被人发现了。

不过，蝴蝶是知晓的。当千重子发现紫花地丁开花的时候，一群在庭院里低低飞舞的白色蝴蝶，朝枫树干上的紫花地丁附近飞来。枫树的枝头正在抽芽，一丁点儿大，略带红色，把飞舞的白色蝴蝶映衬得十分艳丽。两株紫花地丁的嫩叶与鲜花为枫树干上的青苔投下了隐约的光影。

这是个天空淡云密布、和煦温暖的春日。

千重子坐在廊边，凝望着枫树干上的紫花地丁，直到白色蝴蝶群飞远。

“今年又在这样的地方开出花来，不容易呀。”她好像在那儿喃喃自语。

紫花地丁的下面，枫树根旁立着一盏老旧的石灯笼，灯柱上雕有一座人像。千重子的父亲曾经告诉她，那是基督。

“不是圣母玛利亚像吗?”当时的千重子说,“北野神社里有座大天神像与它像极了。”

“是基督。”父亲明确地说,“手上没有抱着婴儿呀。”

“嗯,还真是……”千重子点了点头,“我们家祖上有基督徒吗?”

“没有。这个灯笼是园艺师或是石匠搬来安放在此地的,并不是什么稀奇的东西。”

这盏基督雕像灯笼是从前基督教遭遇禁止的时代制作的吧。材质是粗糙易碎的石头,浮雕石像又经历了数百年的风雨吹打,已经风化残破,只能模糊地看到头部、身体和脚部的形状。大概原本就是简陋的雕像。衣袖长至底襟。双手合掌,手臂处比较粗壮。形象模糊。但与佛像和地藏像相比,感觉还是不同的。

这盏基督雕像灯笼,不知是从前信仰的一种标志,还是旧日异国情调的一种装饰呢?如今只因古老,它才被置放在千重子家庭院里那棵老枫树的根旁。遇到看见它的顾客,父亲就说是“基督像”。但是,经商的顾客很少有人注意到老枫树下黑黢黢的石灯笼。即便看到了,他们也会觉得在庭院里放上一两盏灯笼是很自然的,不会细看。

千重子将目光从树上的紫花地丁处下移,注视着基督像。她读的并不是教会学校，但由于喜欢英语，又经常出入教堂，她阅读过《新旧约全书》。但给这古老的灯笼献花、点蜡烛，多少显得不妥当。灯笼的任何地方都没有雕上十字架。

基督像上方的紫花地丁，让人觉得那是玛利亚的心。于是，千重子又从基督雕像灯笼处抬起眼睛，再次看着紫花地丁。忽然间，她想起了古丹波[1]瓷壶里饲养的金钟儿。

千重子养金钟儿，比她在老枫树上初次发现紫花地丁要晚得多，也就是在四五年前。在高中同学家的起居室里，听到金钟儿叫个不停，她便要了几只。

“它们在壶里待着，多可怜啊。”千重子说。但同学回答，总比养在笼子里白白死掉的强。听说寺庙里养了许多，还出售金钟儿的虫卵。看来同好者不在少数。

现在，千重子养的金钟儿也多了，分别在两只古丹波瓷壶里。每年七月一日左右孵出幼虫，八月中旬开始鸣叫。

它们在阴暗、狭窄的瓷壶里诞生、鸣叫、产卵，然后死去。尽管如此，在壶里毕竟得以传种，比起养在笼子里只能活上短暂的一代，或许要来得强些。完全在瓷壶中度

---

1 即丹波町，位于京都府中部的丹波高原，以畜产业为主。

过一生，壶中也别有洞天。

千重子知道“壶中天地”的故事，那是中国古代的传说。说是壶中有着金殿玉楼、美酒珍肴，完全是脱离尘世的仙境。那是众多的神仙传说中的一个。

但金钟儿并不是厌弃尘世才住进瓷壶里。它们似乎并不知道自己居住在壶中，就这样勉强苟存下去。

最让千重子感到惊异的是，需要不时地往瓷壶里放入别处的雄虫，要不然同一瓷壶里繁衍出的幼虫就会变得又小又弱。这只怕是一再近亲繁殖的缘故。为了避免这种情况的发生，金钟儿的养育爱好者经常交换雄虫。

现在是春季，并非金钟儿活跃的秋天。不过，千重子从枫树干的洼眼里开花的紫花地丁，联想到瓷壶里的金钟儿，倒也并不是毫无缘由。

金钟儿是千重子放进瓷壶的，而紫花地丁是怎么到这局促狭窄的地方来的呢？紫花地丁已经开花了，那么金钟儿也一定会新生并鸣叫的吧。

“这就是自然赋予的生命吗……”

千重子把春季的微风吹乱的鬓发拂向耳后，一面在心中比较着紫花地丁与金钟儿，一面思忖：“那么我自己呢……”

在这自然万物生机盎然的春日，能够看到这小小的紫花地丁的，也只有千重子一人了。

店铺里传来了开午饭的动静。

千重子应邀去赏樱花，梳妆打扮的时间到了。

昨天，水木真一给千重子打来电话，邀请她去平安神苑赏樱花。真一的同学在神苑门口检查入场券已有半月，真一听他说，眼下正是樱花开放的盛期。

“是我让他留意观察的，这信息再确切不过了。”真一轻轻地笑着，音色真好。

“我们会被他注意到的吧？”千重子说。

“他是看门的，谁都得从他跟前走过。”真一又短促地笑了两声，“要是你不愿意，我们就分头进去，在庭院的樱花树下碰面。那里的樱花即便一个人欣赏，也是看不厌的。”

“那你一个人去赏花不就好了吗？”

“虽然好，可要是今晚下场大雨，鲜花凋零了，那我就管不了啦。”

“那就可以观赏落花的风情了。”

“雨打落花沾淤泥，就是落花的风情吗？你所说的落花嘛……”

“你这个坏蛋。”

“究竟谁坏呀……”

千重子挑了一件不起眼的和服出门了。

平安神宫[1]因“时代祭[2]”而著称。它是明治二十八年（1895）为纪念一千多年前桓武天皇奠都京都而修建的，所以神殿并不陈旧。据说，神门和前殿是模仿当年平安京[3]的应天门和大极殿而建。它右有橘树，左为樱花。迁都东京之前的孝明天皇[4]，在一九三八年时也被供奉在这儿。有很多人在神前举行婚礼。

最漂亮的要属装点神苑的一簇簇红色垂樱。眼下，可以说“除了这儿的鲜花，没有什么能代表京都的春天了”。

千重子一进神苑的门口，就见到樱花姹紫嫣红地开遍了，令人赏心悦目。她伫立着凝视樱花，心想：“啊，今年又见到了京都的春天。”

但真一在什么地方等着自己呢？或者他还没有来？千

---

1 平安神宫位于京都市左京区冈崎西天王町。旧官币大社，供奉桓武天皇和孝明天皇。

2 时代祭是京都代表性的祭祀活动之一，每年 10 月 22 日举行。展现日本从平安时代到明治时代的民间风俗的人们依次排列成队，绕市街游行一周。

3 即今日的京都市，延历十三年（794）至明治元年（1868）日本历代天皇的都城。除平清盛曾一度迁都福原外，共持续了约 1100 年。

4 孝明天皇（1831—1867），日本第一二一代天皇（1846—1867 在位），名统仁，明治天皇之父。

重子打算找到真一后再赏花，便从花木中走下缓坡。

真一正躺在下面的草坪上，闭着眼睛，双手交叉着垫在脑袋下。

千重子完全没有想到真一会躺在那儿。真叫人讨厌，竟躺着等候年轻的姑娘。与其说真一有失礼节，让自己觉得受到了羞辱，莫如说她不习惯男人如此随便地躺着。在千重子的日常生活中，她很少见到男人的那种模样。

在大学校园里，真一大概常常和同学在草坪上支肘侧卧，或仰面朝天地谈笑吧。眼下他的模样，不过是出于平时的习惯罢了。

真一的身旁坐着四五位老太太。她们打开提盒，正在悠然自得地聊天。想来真一是觉得老太太们和蔼可亲，就在一旁坐下，之后才躺倒在草坪上的。

这样想着，千重子便露出微笑，脸上却不禁涨红了。她没去招呼真一，依旧站在那里。而且，她还想从真一身边离开……千重子从未见到过男人的睡相。

真一端正地穿着学生服，头发梳得整整齐齐，长长的眼睫毛合拢着，一副少年的模样。但是，千重子并未正眼看他一下。

“千重子！”真一叫住她，站起身。千重子一下子恼了。

"睡在那种地方，真是有失体统。路人都在看着你哪！"

"我没睡觉，你一来我就知道了。"

"你心眼真坏！"

"要是我不叫住你，我倒要看你怎么办！"

"你已经看见我了还要装睡，是吗？"

"我在想，这位进来的姑娘多么幸福呀！不由得觉得自己悲哀。头也觉得有点疼痛……"

"你说我，我幸福？……"

"……"

"你的头疼吗？"

"不，已经不疼了。"

"脸色看上去不大好。"

"不，没什么了。"

"怎么就像一把宝刀一样！"

也有人把真一的脸说成像把宝刀，但他还是头一回听千重子这么说。

每当听到有人这么评价的时候，也正是真一心中激情洋溢之时。

真一笑着说："宝刀不砍人的！况且又是在樱花树下。"

千重子上了缓坡，向回廊的入口处走去。站在草坪上的真一也跟了过来。

“这些樱花真想都看上一遍。”千重子说。

站在西回廊的入口处，望着一簇簇的红垂樱，立刻令人感受到了浓浓的春意。这才是真正的春天呀！连低垂的树梢上也开满了重瓣樱花。像这样的樱树丛，与其说是花开在树上，莫如说是树枝托举着繁花。

“这里的樱花，我最喜欢这棵树。”千重子说着，带真一来到回廊的另一拐弯处。那里有一棵樱树，尤显花繁叶茂。真一也站在那儿观望起来。

“细细看来，这树上的樱花确有女性的风韵。”真一说道，“无论是低垂的细枝，还是上面簇拥的花朵，看上去都既柔美又丰满……”

八重樱的红色重瓣中带着点紫色。

“我从未想到樱花居然有如此的女性风度。无论是色彩、风韵，还是妖艳的温情。”真一再次说道。

两人离开这棵樱树，向池塘边走去。窄窄的小路旁摆着铺有红毡子的折凳。游客坐在那儿品尝淡茶。

“千重子，千重子！”有人在喊。

幽暗的树林里有座名叫“澄心亭”的茶室。身穿长袖和服的真砂子从里面走了出来。

“千重子，来帮个忙吧！可把我累坏了，我正在帮师傅点茶呢！”

“我穿这一身，只配干洗洗茶具之类的活儿吧。”

“没关系，洗茶具也行……你来不来呀？”

“我还有个同伴呢！”

真砂子这才注意到了真一，便对千重子小声耳语道：“是未婚夫吗？”

千重子微微摇了摇头。

“是情人？”

她又摇了摇头。

真一转身走开了。

“那你们就一起到茶室来坐坐吧……现在正好空着。”真砂子邀请道。千重子谢绝了，从后面赶上了真一。

“是和我一起学茶道的，很漂亮吧！”

“大众化的美丽。”

“看你，都叫人家听见了。”

真砂子站着目送他们，千重子以眼神致意。

穿过茶室下方的小径，有个池塘。池边的菖蒲叶子鲜绿喜人。睡莲的叶子也浮在水面上。

池塘周边，栽有樱树。

千重子和真一沿着池塘边，走进一条幽暗的林荫小路。

这儿充溢着嫩叶的清香和湿土的气息。这条小道又窄又短。尽头处是一座明亮的庭院，有一个比刚才的池塘更大的池塘。池塘边樱花灿烂，倒映在水中，令人感到凄美无比。外国的游客们纷纷为樱花拍照。

池塘对岸的树林里，马醉木绽放出了素雅的小白花。千重子想起了奈良。遥望对岸的松树，虽然不是大株的古木，却也身姿漂亮。即使没有樱花，仅是那些青松翠林也足以令人目不暇接。不，眼下那整洁的青松和清澄的池水，已经把一串串的红垂樱映现得格外艳丽了。

真一在前头踩着池中的踏脚石。这被人叫作“泽渡”。一块块圆圆的踏脚石，就像是从牌楼石柱上截取下来的。千重子踏上去，有时需要稍稍拎起和服的下摆。

真一回过头来说：“真想把你背过去。”

“你背给我看看，算我服你。”

当然，这些踏脚石连老太太也走得过去。

踏脚石边漂浮着睡莲的叶子。快到对岸时，踏脚石旁的水面映出了小松树的影子。

“这些踏脚石的排列方法，有点儿抽象啊！”真一说。

“日本的庭院不都有点抽象吗？像醍醐[1]寺院的桧叶金

---

1 醍醐，为日本京都市东南部、山科盆地南部的地区，以醍醐寺闻名。

藓[1]，人们都说是抽象的，听了反倒使人讨厌……”

“是啊。那桧叶金藓的确很抽象。醍醐寺里的五重塔已经修建完毕，要举行竣工仪式了。过去看看吧。”

“那醍醐塔也跟新金阁寺[2]相像吗？”

“想必也是金碧辉煌、焕然一新吧。不过那塔倒没有烧毁……是拆后完全照原样重建的。竣工仪式正逢樱花盛开时节，恐怕人会很多。”

“若是赏花，只要看了这儿的红垂樱，别处的就不必再看了。”

两人走完了最后面的几块踏脚石。

走过踏脚石，岸边就是一片松树林。不远处便是“桥殿”。所谓“桥殿”，实则名为“泰平阁”，因其造型像宫殿而得名。两侧的桥栏像带矮靠背的长凳，人们可以坐在上面休憩，隔池眺望庭院的景致，确切地说，是带有池塘的庭院。

坐在桥边的人吃吃喝喝，只有小孩子们在桥当中奔来

---

1 桧叶金藓，金发藓科苔藓。叶呈线形，表面多皱纹。雌雄异株，雌雄蕊皆顶生。分布于亚寒带至寒带，日本较少见。

2 金阁寺是位于京都市北区的鹿苑寺的通称，临济宗相国寺派的寺院，以三层宝塔形结构的金阁而闻名于世。

跑去。

“真一，真一，来这儿……”千重子先行一步坐了下来，用右手给真一占了个座位。

“我站着也行，”真一说，“蹲在千重子小姐的脚下也行……”

“这又何必呢。”千重子忽然起身，让真一坐下，“我去买一点鲤鱼饵。”

千重子买来了鲤鱼饵，撒向池塘。成群的鲤鱼聚拢而来，有的跃出了水面。层层涟漪向四周漾开。松树与樱树的倒影摇曳着。

千重子对真一说“给你吧”，就把剩下的鱼饵给了真一。真一没有吱声。

“头还疼吗？”

“不疼了。”

两人在那儿坐了许久。真一专注地久久凝视着水面。

“你在想些什么？”千重子问道。

“哦，在想什么呢？有时什么也不想也会觉得幸福。”

“在这鲜花盛开之日……”

“不，是在幸福的小姐身边……或许会沾到幸福的气息。如此温婉年轻，富有生气。”

“你在说我幸福？……”千重子又反问一遍，眼睛里忽然蒙上了忧郁的阴影。她低垂着头，好像池水映入了她的眼睛。

千重子站起身来。

“桥对面有一棵我挺喜欢的樱花树。”

“这儿也看得见，是那一棵吗？”

那一棵红垂樱相当俏丽，是棵著名的樱树。花枝恰似嫩柳低垂，蓬勃地伸展着。千重子走在树下，微风轻抚，花瓣散落到她的肩上和脚下。

樱花有的落在树下，星星点点，还有的漂浮在池塘水面上。不过，也就七八朵的样子吧……

有些樱树的垂枝虽有竹竿支撑着，但纤细的树梢仍然快要沉到水面上了。

红色的八重瓣樱花层层叠叠，透过枝丫间的缝隙，可以望见池塘东岸的树林上方嫩叶覆盖的青山。

“那是东山的支脉吧？”真一说。

“是大文字山。”千重子回答。

“哦，是大文字山啊。看上去怎么那么高呀？”

“大概是站在花丛中看的缘故吧。”千重子这样说着，自己也站在了花丛中。

两人都有些流连难舍。

这棵樱树周边铺着粗粗的白砂。砂地的右边，松林高耸着，在这座庭院里显得甚为优雅。接下去就是神苑的出口了。

走出应天门，千重子说：

“我想到清水寺去看看。”

“清水寺？”真一一脸狐疑，好像在说怎么去这么平常的地方。

“我想从清水寺看看京都的黄昏，也想看看西山上落日的霞空。”千重子重复地说着，真一便点头同意了。

“好，那就走吧。”

“走着去行吗？”

路程相当远。但他们避开电车路，绕过南禅寺，出了知恩院的后门，穿过圆山公园后侧的一条古道，来到了清水寺的前面。这时已是春日的黄昏，暮霭笼罩。

参观清水寺舞台的游客，只剩下三四位女学生，她们的面容都已看不清了。

这正是千重子所喜欢的时刻。漆黑的正殿里已经点上了灯。千重子一刻不停地走过正殿的舞台，从阿弥陀堂跟前走进了里院。

里院也有座舞台，建在悬崖峭壁上。屋顶以桧树皮敷设，檐角微微扬起。舞台显得小巧玲珑。不过，这舞台坐东朝西，面对着京都和西山。

城里已经灯火点点，夜色微暗。

千重子倚着舞台的栏杆，眺望西山，仿佛忘记了同行的真一。真一走近她的身旁。

“真一，我是个弃儿呀。”千重子冷不防地说。

“弃儿？”

“是的，弃儿。”

“弃儿”究竟意味着什么？难道是带有某种内心的含义？真一感到迷惑不解。

“是弃儿吗？”真一小声嘀咕，“千重子怎么会觉得自己是弃儿？要是你是弃儿，那我就更是了，是精神上的……也许人人都是弃儿，每一个人的出生，都像是被上帝抛向了人间。”

真一凝视千重子的侧脸，她的脸上好像淡淡地染上了一层暮色。难道那是恼人的春色带来的忧愁？

“因为是上帝之子啊，所以先是抛弃，然后拯救……”

千重子似乎没有听进真一的话，只顾俯瞰着灯火阑珊的京都，没有回头看他一眼。

看到千重子这种莫名的悲伤，真一正要抬手放到她的肩上，千重子却躲闪开来。

"别碰我这个弃儿。"

"明明是上帝之子，却偏要说自己是弃儿……"真一的话声响了一点。

"别说得那么玄，我不是上帝的弃儿，而是人间父母所遗弃的孩子。"

"……"

"是个扔在店铺格子门前的弃儿呀。"

"你在胡说些什么呀！"

"真的，这种事告诉你真一也没有关系。"

"……"

"我从清水寺的此地眺望暮色苍茫的京都，心里在想，自己真的是在京都出生的吗？"

"你在说些什么呀，简直有点不正常……"

"这种事我干吗要瞎说呢！"

"你不是批发商的独生女吗？掌上明珠就是爱瞎想。"

"当然，他们都疼爱我。事到如今，是不是弃儿也无关紧要了，不过嘛……"

"你说是弃儿，有什么证据吗？"

"要说证据，店铺的格子门就是证据。古老的格子门知道得最清楚。"千重子的声音越发显得清晰悦耳，"记得我刚上中学那阵子，母亲把我叫去说：'千重子，你并不是我亲生的。我看到一个可爱的婴儿，就抱上她坐车一溜烟地逃回家中。’至于在何处偷抱的，父母两人的讲法有点出入。一个说是在祇园夜间的樱花树下，一个说是在鸭川的河滩边……如果说是被人丢在店门口，父母准是觉得那样我实在可怜，所以才编出这一套的……”

“哦，那么你的亲生父母是谁，就不知道吗？”

“现在的父母十分疼爱我，我也不打算再去寻找亲生父母。或许他们早就成了化野[1]墓地中的亡灵了。那里的石碑早就陈旧不堪了……”

春天，柔和的暮色从西山一路笼罩而来，几乎把京都的半边天空染上了淡红色的霞光。

真一难以相信千重子会是一个弃儿，更别说那是个偷来的孩子。千重子的家在古老的批发商云集的街上，只要到附近打听一下就清楚了。但眼下，真一并不想去查个究竟。他颇感迷茫，很想知道千重子为何在此时此地向自己做这样的告白。

她约真一到清水寺，就是为了诉说这件事吗？但千重

1 化野，亦称仇野、徒野。曾位于日本京都嵯峨小仓山山麓的火葬场、墓地。现以存有 8000 座无主死者石佛的念佛寺所在地闻名。

子的音色是如此纯净澄澈，透着优美、刚强的韵味，并不像是在向真一诉苦。

千重子想必已隐约地知道，真一在爱着自己。她的告白，是为了让所爱的人了解自己的身世吗？真一又觉得不像，倒像是在拒绝他的爱。倘若所谓的“弃儿”是千重子编造的……

真一心想，他在平安神宫多次说千重子“幸福”，若她这话是对自己的一种抗议就好了。真一还想再确认一下。

“你知道自己是弃儿后，是感到伤心，还是失望呢？”

“哪里，我一点儿也不觉得失望，也不感到伤心。”

“……”

“就是我希望去读大学的时候，父亲说，要继承家业的女孩上什么大学，倒不如好好学做生意。听了他的话，我当时的确有点……”

“那是前年的事吧？”

“是的。”

“千重子对父母是绝对服从吗？”

“嗯，绝对服从的。”

“婚姻大事也那样吗？”

“是的。眼下还是这样想的。”千重子毫不犹豫地答道。

“你就不考虑一下自己，不考虑自己的情感吗？”真一问道。

“考虑得太多，反而麻烦……”

“你是想压抑自己，扼杀自我的感情？”

“不，不会扼杀。”

“你净说些如同让人进入迷宫般的话。”真一轻轻一笑，颤抖着说。他将身子探出栏杆，试图端详千重子的表情。“我想看看这位迷宫般弃儿的脸。”

“光线太暗了吧？”千重子这才将面部朝向真一，她的眼睛炯炯有神。

“真是吓人……”千重子抬头仰望正殿的屋顶，上面敷设得厚厚的桧树皮显得沉重而阴暗，向她逼仄地压迫而来。

尼姑庵与格子门

三四天前，千重子的父亲佐田太吉郎来到嵯峨[1]深处的尼姑庵，请求留住。

尼姑庵的庵主已过六十五岁。这小小的尼姑庵位于古都，算得上是个名胜，然而庵门却隐没在竹林深处，几乎无人前来观光，显得异常萧条冷清。一侧建筑物的客厅里难得举办茶会，所以也不是什么有名的茶室。庵主倒是时常会外出传授花道。

佐田太吉郎在尼姑庵租了一间房，眼下他的状况倒是与这尼姑庵有几分相似。

佐田的绸缎批发店好歹位于京都市的中区。周边的店家大都改成了股份公司，佐田的店铺在形式上也是如此。太吉郎当然是经理，一般生意均有掌柜（现在成了专务或常务董事）打点。不过，店里还多少保存着从前老铺子的规矩。

1　嵯峨，位于京都市右京区城镇的西北面，隔着桂川与岚山相对。有广泽池、大泽池、大觉寺、清凉寺、天龙寺等寺庙。

太吉郎年轻时就具有一种名士气派，不喜与人结交。至于要把自己的作品拿出去办什么染织个人展之类的雄心一点儿也没有。即便做了展览，他的作品也显得过于新奇，难有好的销售。

上一代的太吉兵卫并没有干预太吉郎，只是在一旁默默注视着他的作为。他没能画出趋附潮流的图案，像店内的图案设计师或店外的各类画家那样。太吉郎没有多少天赋，也没什么进步，只好借助麻醉药的力量，在友禅印花绸[1]上画下一些怪诞的画稿。等到发现这一状况的时候，他赶紧把太吉郎送进了医院。

太吉郎这一代人当家后，他的画稿就显得平庸起来。于是，太吉郎感到了悲哀，有时便躲进嵯峨的尼姑庵中独处，为的是获得一些构图灵感。

“二战”之后，和服的图案有了显著的变化。他寻思，当年依靠麻醉药画下的怪诞构图，如今看来，说不定既新鲜又抽象。但是，太吉郎已是年过五十的人了。

“下决心采用古典图案画吧！”太吉郎有时会喃喃自语，眼前浮现出众多从前优秀题材的精品。古代衣料和古装和

1 友禅印花绸，以一种染色印花技法，在丝绸上染出色彩绚丽的山水、花鸟图案。日本近世由京都的宫崎友禅首创。

服的花样和色彩，装满了他的脑袋。当然，太吉郎有时也会到有名的园林和山野去漫步写生，画些和服的图案。

中午时分，女儿千重子来了。

“爸爸，我给您买来了森嘉的豆腐火锅，尝尝吧！”

“哦，太好了……能吃到森嘉的豆腐火锅，我很高兴；可千重子能来，更让我高兴。你就等到傍晚再回去吧，让爸爸的脑子也放松一下，兴许能想出一幅好图案……”

做绸缎批发商的人原本无须设计图案，这样做反而会耽误日常的生意。

然而，太吉郎在店里靠客厅的窗边摆了一张桌子，面向立有基督雕像灯笼的中庭。他有时一坐就是半天。桌子后面有两只古色古香的桐木柜子，里面放着中国和日本的古代衣料。衣柜旁的书橱里，尽是各国纺织品的图录。

后院单独的屋子当作仓库用，二楼完好地存放着很多能乐戏装和武士家庭妇女的裲裆长罩衫，还有不少南洋各国的印花布。

这些衣料是太吉郎的父辈，或者是祖父辈收集而来的。要是有人举办古代衣料展览会，要太吉郎拿来展出时，他会冷冰冰地回绝：

“祖上订下的规矩，舍下所藏概不外借！”

他的家是那种京都的老房子，上厕所要经过太吉郎桌边那条窄窄的走廊。有人走过时，他总是会皱皱眉头。一旦店里发出嘈杂声响，他马上会喝道：

“你们不能安静一点吗？”

此时，掌柜双手撑在榻榻米上说：

“是从大阪来的客人。”

“他不买也没事，批发商有的是嘛。”

“他很早以前就是我们店的主顾……”

“购买绸缎料子要靠眼力，只用嘴说，不是白长眼睛了吗？行商者一眼就能看出好坏，尽管我们店里都是些便宜货。”

“说的是啊。”

太吉郎在桌旁的坐垫下铺了一条颇有点来历的外国毛毯，而且在四周挂上了南洋名贵的印花布幔帐。这是千重子的主意，这样多少可以阻挡一点店里传来的杂音。千重子还经常更换幔帐，每次更换时，父亲总是很感激千重子的体贴，还会告诉她，这帐子是爪哇的，那是波斯的，或这是某某时代的，那是何种图案，等等。他解说得很详尽，可千重子听了却不甚了解。

有一次，千重子瞅着幔帐说道：“若用它做提袋子太可惜了；剪裁后用作小方茶巾又嫌太大；要是做成腰带，倒是能裁出好几条。”

“去拿把剪刀来……”太吉郎说。

父亲接过剪刀，把印花布幔帐裁出几幅，果然是手巧。

“给千重子做腰带，应该挺不错的。”

千重子一怔，眼睛湿润了。

“不要嘛，爸爸！”

“挺好，挺好的。千重子系上这条腰带，我大概就会想出一种新的图案了。”

千重子到嵯峨的尼姑庵去时，系的就是那条腰带。

太吉郎当然一眼就看到了千重子系的那条印花布腰带，却装出没看到的样子。这印花布的图案大而美观，色彩浓淡有致，可父亲寻思，这样的图案给年轻美丽的女儿做腰带合适吗？

千重子将半月形的餐盒放在了父亲的跟前。

“您马上吃吗？请稍等一下，我先把豆腐火锅准备好。”

“……”

千重子站起来，回头看了看门前的竹林。

“已是竹叶枯黄三月天。”父亲说，“土墙塌的塌，歪的歪，大都光秃秃的，就像我这个老人。”

千重子已听惯了父亲的这些陈词，也没去安慰，只是重复地说道："竹叶枯黄三月天……"

"来的路上樱花开得怎么样了？"父亲轻声问道。

"也已经凋落了，花瓣漂浮在池塘里。山上的绿树丛中倒是有一两棵没有凋谢的，远远望去，反倒更加美丽。"

"嗯。"

千重子走进厨房里，太吉郎听见她在切葱花、削鲣鱼干的声音。她端着装有豆腐火锅的器皿"樽源"走进来——这些餐具，都是她从家里带过来的。

千重子用心侍候着。

"你也来尝尝？"父亲说。

"嗯，好的……"千重子应答。

父亲从女儿的肩胛到胸口打量着，说道：

"穿得太素了，总是穿我设计的和服。大概也只有你一人肯穿，这样的和服在店里都卖不掉呀……"

"我喜欢，您就让我穿好了。"

"哎呀，太素了。"

"素倒是素了一点……"

"年轻姑娘穿得太素，不是什么好事。"父亲的声调忽然间严肃起来。

"见我这么穿，有人还夸我好看呢。"

父亲缄默不语。

创作图案，如今已成了太吉郎的兴趣和嗜好。他的店铺已成了面向大众的批发店，掌柜只是顾及老板的面子，才将太吉郎画的图案印上两三件。其中一件总是女儿千重子主动做来穿的。料子倒是相当讲究。

“你不必总穿我作画稿的衣服。”太吉郎说，“更不用总穿我们店铺里卖的……不用顾及那种情面。”

“情面?”千重子吓了一跳，“我可没有顾及什么情面。”

“千重子要是穿得漂亮些，早就找到意中人了。”父亲难得高声地笑了。

千重子在侍候父亲吃豆腐火锅时，看见了父亲的那张大桌子。桌子上，不见一副可做京都印染用的画稿。

桌子的一角只摆着江户泥金画的砚台盒和两本高野抄本残片[1]的复制本（或者说是临摹本）。

千重子思忖，父亲来到尼姑庵，难道是为了忘却店铺里的生意吗?

“老人的书法啊。”太吉郎自我解嘲似的说，“不过，藤原体的假名线条流畅，对画画稿倒有所帮助。”

---

1 高野抄本残片，日本古墨迹残片之一，现存《古今集》的最古抄本。写于11世纪中叶。原有20卷，现残存9卷。因从高野山传来而得名。

“……”

“说来真是可叹，我练字时手开始颤抖了。”

“字写得大一点呢？”

“已经写得够大了……”

“砚台盒上的那串旧念珠，是哪儿来的？”

“那个吗？我无意中问了庵主一句，她就送给我了。”

“爸爸戴着它拜佛吗？”

“用现在的话说，算是吉祥物了。有时真想把珠子放在嘴里嚼碎呀！”

“那该有多脏啊。那上面有长年的手垢呢。”

“怎么会脏呢？那是两三代尼姑信仰虔诚的体现。”

千重子觉得触到了父亲的伤心处，便不再吱声，低着头收拾好豆腐火锅的剩余物，搬到了厨房里。

“庵主人呢？”千重子从厨房出来问。

“大概快回来了吧。你打算干什么？”

“想到嵯峨走走再回去。这时节，岚山游人太多。我喜爱野野宫[1]和二尊院[2]的小径，还有仇野的。”

---

1 野野宫在嵯峨，为日本中古时期内亲王或皇族女子斋戒一年期间建造的临时寄寓的宫殿。

2 二尊院，位于京都右京区嵯峨的一家天台宗寺院，正式名称为二尊教院华台寺。以释迦和阿弥陀二尊为本尊。

"你这么年轻就喜爱去这样的地方，以后会叫人担心的。你可别像我这样。"

"女人哪会像男人一样！"

父亲站在走廊上，目送着千重子。

不一会儿，庵主回来，随即打扫起了院子。

太吉郎坐在桌前，脑海里浮现出宗达[1]和光琳[2]所画的蕨菜和春季的花草，心里想着刚刚离去的千重子。

走上乡间的小路时，父亲隐居的尼姑庵便完全隐蔽在竹林中了。

千重子打算参拜仇野的念佛寺，便登上古老的石阶，一直爬到左侧悬崖上两尊石佛跟前。她听到上方人声嘈杂，便停下了脚步。

这里有数百座朽败的石塔，人称无缘佛[3]。近来时常举行摄影会之类的活动，让一些穿着奇怪的轻薄衣服的女人

---

1 即俵屋宗达（生卒年不详），日本江户初期的画家，活跃于庆长至宽永年间（1596—1644）。所创作的以日本传统绘画为基础的装饰画构思新颖、构图大胆、色彩艳丽。作品有《风神雷神图屏风》等。

2 即尾形光琳（1658—1716），日本江户中期画家，擅长创作表现华丽的琳派风格的装饰画等。

3 无缘佛，无亲属祭祀的死者荒冢。

站在低矮的石塔中拍照。想必今天也是这样吧。

千重子在石佛前转身下了台阶。她想起刚才父亲所说的话。

即使为了规避岚山春季的游客，自己跑到仇野或野野宫这样的地方，也确实不像是年轻姑娘的作为。这比身穿印有父亲所画图案的素朴和服还要……

“在那个尼姑庵中，爸爸似乎什么也没做。”千重子心中不由得感到凄寂，“他的嘴里咬着带有手垢的古老念珠，心里在想着什么呢？”

千重子明白，父亲在店铺里有时也是强压着一种恨不得要咬碎念珠的心情。

“不如咬咬自己的手指呢……”千重子摇了摇头，小声嘀咕，转念想起了与母亲一起到念佛寺撞钟的往事。

那座钟楼是新建的。小个子的母亲怎么也撞不响那口钟。

“妈，你得先用力吸口气！”千重子握住母亲的手一起撞钟，钟声响亮洪大。

“真的。这能传多远啊？”母亲高兴地说。

“瞧，和尚们敲惯了，我们与他们还是不一样。”千重子笑着说。

千重子想着这样的往事，走在前往野野宫的小径上。

前不久，小径上竖起一块牌子，上面写着："通向竹林深处。"原先这地方幽暗僻静，现在却明亮多了。宫门前的小卖店里也传来了叫卖声。

然而，小小的野野宫依旧不改其特色。《源氏物语》中也写道：此处是神宫的古迹，仕于伊势神宫[1]的斋宫（内亲王），以其清净无垢之身曾在此斋戒三年。牌楼由带树皮的黑木所制，篱笆矮小，野野宫以此而闻名。

从野野宫向前走，出了乡间小道，眼前的地势豁然开阔，便是岚山一域了。

千重子在渡月桥前岸边的松树下，乘上了公共汽车。

"回家以后，爸爸的事该怎么说呢……尽管妈妈的心中什么都明白……"

明治维新前，中京区的民居大多在一七八八年的"拳头烧"和一八六四年的"不停烧"这两场大火中被烧毁了。太吉郎家的店铺亦未能幸免。

因此，这一带的店铺虽说还保留着格子门和二楼小格子窗这样的京都古风，但实际上还不到百年。——据说，

---

1 伊势神宫，为日本三重县伊势市的皇大神宫（内宫）与丰受大神宫（外宫）的总称。内宫供奉天照大神，外宫供奉丰受大神。白茬木样式的神殿每隔20年重建一次。

太吉郎家只有后面的仓库幸免于难……

太吉郎家的铺面格局，至今几乎未做任何的改变，这固然与店主的性格有关，但恐怕也是因为绸缎批发生意并不兴隆吧。

千重子回到家，打开格子门，屋里一览无余。

母亲阿繁正坐在父亲一直坐的那张桌子跟前抽烟。她左手撑着脸颊，背脊稍稍弯曲，好像在那儿看书或写字。然而，桌上什么东西也没有。

“我回来了。”千重子走到母亲身边。

“你回来啦？辛苦了。”母亲这才好像清醒过来似的，“你爸爸怎么样了？”

“嗯。”千重子回答之前先说道，“我给他买了豆腐火锅。”

“是森嘉的吗？你爸爸一定很高兴吧？做了豆腐火锅……”

千重子点了点头。

“岚山怎么样？”母亲问。

“游人太多了……”

“没叫你爸爸陪你去吗？”

“没有。那时间庵主没在……”接着，千重子又说，“爸爸好像在练字。”

“练字？”母亲并不觉得意外，“练字可以修身养性，我也想练呢。”

千重子看着母亲端庄白皙的脸，看不出她的内心有什么波动。

“千重子，”母亲平静地说，“你要是不愿意继承这个店铺也可以……”

“……”

“想嫁人的话就嫁吧。”

“……”

“你听到了没有？”

“你干吗要说这些？”

“一时半会儿也说不清楚，反正妈妈也年过半百，想到什么就和你说什么。”

“我们把这门生意停掉呢？”千重子美丽的眼睛里满是泪水。

“你又想到什么地方去啦……”母亲微笑着说。

“千重子，你说把生意停掉，是真心话吗？”

母亲嗓门儿不大，却是正色地问道。刚才还看到母亲微笑了，难道是自己看错了？

“真心话。”千重子回答，心中泛起一阵悲哀。

“我没有生气，你不必露出这般神色。说这话的年轻人和听这话的老人，真不知我们俩谁更伤心。”

“妈，您就原谅我吧。”

“什么原谅不原谅的……”这一次母亲真的笑了，“先前妈跟你说的，怕也不太合适……”

“我一不留神就说出了口，自己也不知道说了什么。”

“人嘛……女人也一样，应尽量做到，说出的话就要坚持到底。”

“妈妈。”

“在嵯峨，你跟爸爸也说了这些话吗？”

“没有。跟爸爸什么也没有说……”

“是吗？你可以跟爸爸说说……男人听了表面上或许会发火，但心里肯定会高兴的。”母亲按住前额，又说，“我坐在你爸的桌前，就是在思考他的事情呢。”

“妈妈，那您全都知道？”

“知道什么？”

母女俩缄默片刻，千重子终于忍不住地说道：

“该准备晚饭了。我去锦街菜市场看看。”

“太好了，你去吧。”

千重子起身朝店堂走去，然后走下土间。土间原本没有铺地板，又窄又长，直通到里面。朝店堂一侧的墙角，安了几个黝黑的炉灶，那里就是厨房。

如今，这些炉灶已不再使用。在炉灶后面装了煤气灶，地面也铺上了地板。若还是像以前那样，地面是灰泥，四处通风，京都严寒的冬季会让人吃不消的。

不过，那些旧炉灶并没有拆除（许多人家都保留着），或许是因为信奉司火的灶王爷——荒神[1]的人相当普遍之故。炉灶的后面供奉着镇火的神符，摆着七福神之一的布袋神[2]。每年二月的第一个午日，人们都要到伏见的稻荷神社请回一尊布袋神，直到请回七尊为止。其间，倘若家遇丧事，就得从头开始，再将其请全。

千重子家的店铺里七尊布袋神都请齐了。全家只有父母和女儿三人，最近十年、八年中也没死过人。

这一排灶神旁供着一只白色的瓷花瓶。母亲隔三岔五便给它换水，还把神龛擦得一尘不染。

千重子提着菜篮子刚出门，就见一个年轻男子走进家里的格子门，前后不过一步之差。

---

1 荒神，亦称三宝荒神，佛、法、僧三宝的守护神。为惩治邪恶而相貌愤怒。据传为厌恶不净的神，因火可驱逐不净，故被奉作灶神。

2 布袋（生卒年不详），中国传说中唐末五代时期的禅僧。经常袒露大肚子，肩背布口袋，云游四方化缘，人称布袋和尚。在日本被奉为七福神之一。

“是银行的人吧。”

对方并未注意到千重子。

千重子心想，这位年轻的银行职员经常来，故不必担心。可是，她的脚步却变得沉重起来。她靠近门前的木格子，边走边用手指从格子上一格格地滑过。

走到店铺格子门的尽头，千重子转身抬头看了看店铺。

她看到二楼小格子窗前的那块旧招牌，招牌上有个小小的檐子。这像是老字号的标志，也像是一种装饰。

和煦的春日斜阳照射在招牌陈旧的金字上，看上去既凝重又凄凉。挂在门口的厚布帘都发白了，露出粗粗的线脚。

“唉，平安神宫里的红垂樱，以我此刻的心情看去也会是凄凉的吧。”千重子暗自想着，加快了脚步。

锦街的菜市场里和往常一样，熙来攘往。

回到自家店铺门前时，千重子看到了卖花女，便主动招呼说：

“到我家来坐坐吧。”

“嗯，谢谢。小姐，您回家啦？真巧……”姑娘说，“您上哪儿去了？”

“去锦街菜市场了。”

“辛苦您了。”

“哟，这是供佛的鲜花……”

“是啊，每次都承蒙照拂……您看有中意的吗？”

说是鲜花，其实是杨桐；说是杨桐，其实就是嫩叶。

每逢初一和十五，卖花女总是会送一些花来。

“今天碰到小姐，真是太好了。”卖花女说。

千重子挑了有嫩叶的小枝条，满心欢喜。她握着杨桐枝，进门就快活地嚷嚷：

“妈妈，我回来了。”

千重子将格子门打开一半，看了看街上，见卖花女仍然站在那儿，便说：

“进来歇会儿吧，我为你沏杯茶。”

“嗯，太感谢了。您待人总是那么亲切……”姑娘点头应道，进门后便递上了一束野花，“不是什么好看的野花……”

“谢谢，我就是喜欢野花，你倒还记得……”千重子欣赏着从山上采来的野花。

走进厨房，只见灶台前有一口古井，上面盖有竹编的井盖。千重子把野花和杨桐枝放在井盖上。

“我去拿剪刀来。对了，杨桐枝叶得洗干净吧……”

“我这儿有剪刀。”卖花女说着用剪刀空剪了几下，“府上的灶神总打扫得干干净净的，我们卖花的看了也很感动。”

“这是我妈的脾性……”

“我以为是小姐您……”

“……”

“近来不少人的家里，无论是灶神，还是花瓶和水井，都积满了灰尘，看上去很脏。我们卖花的见了心里总不好受。可到了府上，我就宽下心来，觉得挺开心。”

“……”

眼看要紧的生意日渐萧条，可千重子又不便告诉卖花女这种状况。

母亲依然坐在父亲的桌子跟前。

千重子把母亲叫到厨房，给她看自己买来的菜。母亲看到女儿从菜篮里一样样取出来摆好，心想这孩子也懂得节俭了，也或许是由于父亲住到了嵯峨的尼姑庵，不在家……

“我来打个帮手吧。”母亲说着也留在了厨房，“刚才来的，是那个常来我们家卖花的姑娘吗？”

“是的。”

“你送给爸爸的画册，还在嵯峨的尼姑庵里吗？”母亲问道。

“哟，这我倒没有留神看……”

“爸爸是带着你送给他的那些书走的。”

那是保罗·克利[1]、马蒂斯[2]、夏加尔[3]等现代抽象派名家的画集。千重子觉得，这些画作也许能唤起他新的感觉，所以为父亲买了下来。

“我们家的店铺也不需你爸爸画什么画稿。外面染织什么图案，我们就销售什么。可你爸他偏……”母亲说。

“不过，千重子身上穿的净是你爸爸画的图案，妈妈要感谢你哪。”母亲接着说。

“谢什么……我是因为喜欢才穿的。”

“你爸爸见女儿身穿这和服和腰带，或许会觉得太素淡了吧？”

“妈妈，和服和腰带看上去是素淡了一点，但细看会觉得情趣高雅，还有人夸我呢！”

千重子想起今天与父亲也谈过同样的话。

---

1 保罗·克利（Paul Klee，1879—1940），画家，对抽象派艺术、超现实主义均有影响。

2 马蒂斯（Henri Matisse，1869—1954），法国画家，野兽派的代表人物。作品有《读书的女人》《红色内室》等。

3 夏加尔（Marc Chagall，1887—1985），犹太画家，善作印象风景画。作品有《我和我的村庄》等。

“女孩子长得漂亮，有时穿得素些反倒合适，不过嘛……”母亲揭开锅盖，用筷子翻了翻煮着的菜说，“不知何故，那些花哨、时兴的图案，你爸爸现在画不出来了。”

“……”

“从前他可是画过相当艳丽、别致的图案的……”

千重子点点头，问道：“妈妈怎么不穿父亲设计的和服呢？”

“妈已经上了年纪呀……”

“您总说上了年纪，才多大啊！”

“是上了年纪了……”母亲只是说了这么一句话。

“那位叫小宫先生的，怕是无形文化遗产的国宝吧。他所画的江户小碎花，年轻人穿在身上反而相当引人注目，路过的都要回头看看呢。”

“小宫先生多了不起呀，你爸是没法跟他比的。”

“从爸爸的精神境界……”

“你越说越玄了。”母亲动了动她那有着京都风韵的白皙的脸，“不过千重子呀，你爸也曾说过，要设计一件让你在婚礼上穿的艳丽华美的和服……妈早就期待着那一天呢……”

“我的婚礼？……”

千重子神色黯然，半天没有吱声。

“妈，您这一辈子，最让您激荡不已的是什么事呢？”

“这个嘛，以前我也曾说过，就是跟你爸结婚的时候，还有我们俩把可爱的小婴儿千重子偷回家的时候，就是抱着你坐车逃跑的时候啊。已经是二十年之前的事了，可如今想起来，心还是怦怦直跳。千重子，不信你摸摸妈妈的心。”

“妈，我是个弃儿吧？”

“不，不是。”母亲用力地摇了摇头。

“人在一生中难免会做上一两件极坏的事。”母亲接着说，“偷婴儿，比偷钱之类的罪孽更深重，或许比杀人还要更坏。”

“……”

“你的亲生父母或许会伤心得发疯的。一想到这一点，我就恨不得立刻把你送回去。可是，现在就连送的途径也没有了。如果千重子想找亲生父母，我也没法子。不过……真要是那样，我这个当妈的也许会死的。”

“妈，您别再说这种话了……千重子的母亲，我的母亲，只有您一位。我是心里这么想着长大的……”

“我知道。可就是因为这样，更是加重了我们的罪孽……我和你爸爸，早就做好了要下地狱的准备。但下地狱又算得了什么？能抵得上眼前这么可爱的女儿吗？”

言辞激烈的母亲已是泪流满面。千重子也热泪盈眶，她问：

“妈，对我说真话，我是弃儿吗？”

“不是，我不是说过了吗？”母亲还是摇了摇头，“你为什么老觉得自己是弃儿呢？”

“爸和妈两个人会去偷孩子，我怎么也想不明白。”

“我刚才不是说过吗，人在一生中，总会做上一两件令人神魂颠倒、吓人的坏事。”

“那么，您是在哪儿捡到我的？”

“在夜里祇园的樱花树下。”母亲流利地说道，“以前我也曾告诉过你，樱花树下的凳子上躺着一个可爱的婴儿，她看到我俩走来，笑得像花一样。我情不自禁地将她抱起来，心中一下子紧缩，简直难以忍受。我贴住她的小脸蛋，看了你爸爸一眼。他说：阿繁，我们把这个孩子偷走吧。我愣住了。你爸又说：阿繁，赶紧溜吧，逃走吧！接着，我们就不顾一切地跑了。我记得，我们是在卖芋棒的平野屋前上的车……”

“……”

“婴儿的母亲可能有什么事临时走开了，我们就利用了这间隙。”

母亲的话未必不合情理。

“这也是命运……自那以后，千重子就成了我们的孩子，说起来也有二十年了。对千重子而言，不知道这是好事还是坏事，即便是好事，我心里也总觉得内疚，总是在胸前合掌，请求你的宽恕。你爸爸一定也是这么想的。”

“是好事，妈妈，我觉得是好事。”千重子说着双手捂住了眼睛。

无论是捡来的还是偷来的，在户籍本上，千重子作为佐田家的嫡亲女儿是确实无疑的。

首次听到父母告诉她，她不是他们的亲生女儿，千重子没有丝毫的实感。当时正在中学读书的千重子，甚至怀疑自己是不是做了不讨父母喜欢的什么事，他们才故意那么说。

或许是父母担心邻居们会把此事说给千重子，便抢先说了；抑或是看到千重子已到了明辨事理的年纪?

当时，千重子确实大吃一惊，但并不感到伤心。哪怕后来到了青春期，也没有为此事多有烦恼。她对太吉郎和阿繁，依然亲密孝顺。这并不是千重子在故作洒脱，而是她的天性如此。

然而，既然他们不是亲生父母，那么她的亲生父母应该生活在某个地方吧。也许她还有着其他的兄弟姐妹。

“并不是想见到他们……”千重子思忖，“说不定他们的生活，要比这儿来得清苦……”

具体怎样，当然不是千重子可以把握的。倒是在这格子门后的家里，父母的忧虑已经渗透到了她的心中。

在厨房里，千重子用手捂住眼睛也是这个原因。

“千重子。”母亲阿繁把手搭在女儿的肩头，摇了摇说，“以前的事情就不必再提了。在这个世上很难说没有失落的美玉。”

“美玉，那是块了不起的美玉吧。要是它能镶在妈妈的戒指上就好了……”说着，千重子又麻利地干起了家务。

吃完晚饭拾掇好一切，母亲和千重子一起上到后面的二楼。

临街带有小格子窗的楼上，天花板很低，房间简陋，是供店员们住宿的。中庭旁有一条走道直通后面的二楼，从店铺也可以上去。通常二楼用来设宴或留宿来店的大主顾。一般的主顾，如今也在这看得到中庭的客厅里洽谈生意。客厅与店铺相连，直通向里面。客厅的两侧架子上放满了绸缎布料，开间又长又宽，便于摊开料子仔细端详。这里常年都铺着藤席。

后面二楼的天花板很高，有两间六铺席大的房间，作为父母和千重子的起居室和卧室。千重子坐在镜子前，解开头发。头发长长的，梳得很整齐。

“妈！”千重子隔着纸槅门喊母亲，话音里有着复杂的思绪。

和服街

京都作为大都市，真可谓树木青翠，景色幽美。

且不说修学院离宫、御所的松林、古寺宽敞的庭园内的树木，即使是市内木屋町和高濑川的河畔、五条和堀川边的垂柳，也会立刻吸引游客。那是真正的垂柳，绿色的枝条几乎垂到了地面，显得十分柔美。北山上的红松细细圆圆的，延绵起伏，也是郁郁葱葱。

特别是现在正值春季，东山上嫩叶青翠。晴空丽日之下，还可看见比叡山上的新叶，嫩绿沁目。

树青叶绿，想必是城市清扫做得干净彻底的原因。走进祇园一带深处的小巷，尽管房屋古旧、低矮阴暗，道路却一尘不染。

专做和服的西阵一带也是如此。小店家鳞次栉比，看上去相当寒碜，路面却是干干净净。门窗的小格子上不见灰尘。植物园的地上也全然没有纸屑和垃圾。

美军曾在植物园盖了住房，当然，日本人是禁止入内的。不过，待军队撤走后，这里又恢复了原来的样子。

植物园里有一条林荫路，西阵的大友宗助相当喜欢。

路两旁全是樟树。树并不大，道路也不长。他常常在这条路上散步，尤其是在樟树抽芽的时节……

“那些樟树不知怎么样了？”有时他听着织机发出的嘎嘎声会这么想。美军未必会将那些树砍伐掉吧？

宗助一直在等待植物园重新开放的一天。

出了植物园，再去鸭川的河堤上走走，这是宗助习惯走的散步路线。有时，他也会眺望北山的风景。基本上，他都是独自前往。

去植物园和鸭川，宗助最多用上一个小时，可这样的散步真叫人怀念。当他想到这一点的时候，妻子告诉他：“佐田先生打来电话了，像是从嵯峨打来的。”

“佐田先生？从嵯峨打来的？”宗助边说边朝账房走去。

织锦匠大友宗助比批发商佐田太吉郎小四五岁，两人不仅有生意往来，而且性情相投。他俩年轻时就是“老交情”，只是近来有点儿疏远了。

“我是大友，好久不见……”宗助接过电话说。

“啊，大友先生。”太吉郎的声调显得异常兴奋。

“你去嵯峨了吗？”宗助问。

“我独自悄悄地躲进了一个冷清的尼姑庵里。”

“真叫人奇怪。”宗助故意客气地说，“不过尼姑庵也是各不相同的……”

“不，是真正的尼姑庵……只有一个上了年纪的庵主……”

“那敢情好啊。只有一个庵主，你就可以和年轻的姑娘……”

“别胡说八道。”太吉郎笑道，“今天有件事求你。”

“嗯，嗯。”

“我马上登门拜访，你看方便吗？”

“行啊，来吧。”宗助有点纳闷儿，“我在这儿走不开，你在电话里也能听见织机的声音吧。”

“织机声？真叫人怀念啊。”

“是啊。要是停下织机，我该怎么办？又不能躲在尼姑庵里。”

不到半小时，佐田太吉郎便坐车来到宗助的店里。他目光炯炯，立刻打开包袱。

“这幅画稿想拜托你……”说着，他展开了画好的图案。

“嗯？”宗助望着太吉郎说，“是要织腰带吗？这图案在你手上算是华丽新颖了。是给藏匿在尼姑庵中的人画的？……”

“又来了……”太吉郎笑着说，“是给女儿画的。”

“嗯，织出来后不叫令爱大吃一惊才怪呢！她会系上这样花纹的腰带吗？”

“其实，与千重子送我两三本克利的画册有关。”

“克利？克利是……”

“他是位画家，据说是抽象派的先驱者，画作文雅、上品，有梦幻色彩，与我这个日本老人的心情倒相通。我在尼姑庵里反复揣摩，然后想出了这样一个图案。恐怕与日本传统的布料设计完全不同。”

“是吧。”

“不晓得织出来是什么模样，想麻烦你织出来看看。”太吉郎依旧是一副兴致高昂的样子。

宗助将太吉郎的画稿端详了一阵。

“嗯，的确不错。颜色的搭配也……很好。这是你迄今为止没有设计过的画稿，很新颖。但还是有点儿素雅，织起来恐怕并不容易。让我用心织起来试试吧。或许能够表现出令爱的孝心和为父的慈爱。”

“太感谢了……近来，只要一说起来就是‘idea’‘sense’什么的，甚至连色彩都要用西方流行的叫法。”

“其实不见得有多高明。”

“我最讨厌话中夹有洋文了。在日本，从遥远的王朝时代起就有着相当优雅的色彩。”

“就是嘛。光是黑色就有各种叫法……”宗助点了点头说，“不过，今天我还在思考，在我们腰带纺织业中也有像伊豆藏店那种……他们盖起四层的洋楼，已是现代工业了。西阵一带迟早也会变成那个样子，一天能织出五百条腰带。近来，职工们也要参加经营，听说他们的平均年龄才二十来岁。像我们这种手工家庭作坊，也许在未来的二三十年中会被淘汰殆尽。”

“你胡说些什么呀……”

“即使能够残存，也不过是成为‘国宝’罢了。”

“……”

“不像你，还能琢磨琢磨克利什么的。”

“他叫保罗·克利。为了这条腰带，我缩在尼姑庵里日思夜想了十天半个月。你看这花纹和色彩，还算和谐吗？”

“很和谐，也不失日本式的风雅。”宗助赶紧说，“不愧是出自佐田先生的手笔。你就交给我，我会织出一条好腰带的。要尽快做出样板，再仔细织。对了，论手艺，我的长子秀男比我更好，你认识他吗？”

“认识。”

“秀男的手艺比我更好……”宗助说。

“行啊，那就拜托你了。我们只是家批发商，但大多数布料是拿到地方上去营销的。”

“瞧你说的！”

“这条腰带不是夏季用的，而是秋季用品。希望能早日看到。”

“嗯，我明白。那么与这条腰带相配的和服呢？”

“我先考虑的是腰带……”

“你们批发商可以拣好的料子……反正这也好办。不过，你这是不是在为令爱置办嫁妆啊？”

“不，哪里的话。”太吉郎好像被说中一样红了脸。

据说西阵的手工纺织很难传三代。因为手工纺织全靠工艺娴熟取胜。父辈即使是手艺出色的匠人，也未必能传给儿子。儿子即便受到父辈手艺的感染，既不懈怠也肯钻研，也未必都能学到手。

不过，也有这种情形：孩子到了四五岁，就让他学纺线，到了十一二岁，再让他学织机，不久，他就可以租台织机承揽活计。因此家庭子女多的，反而能够助家兴业。而且，已经六七十岁的老太太也能在家纺线，所以在有的人家里，祖母和小孙女会面对面地坐着纺线。

在大友宗助家，他的妻子独自一人在纺腰带用的丝线。她总是低头坐着，默默干活，看上去比实际年龄老很多。

他们有三个儿子，都在高台机上织腰带。家里有三台高机算是好的，有的人家只有一台，还有的人家是租用别人的。

如宗助所说，长子秀男的手艺比他的更好，在同行和批发商中颇有名气。

“秀男、秀男！”宗助叫了两声。他似乎并未听见。与好几台机械织机开动时不同，三台手工织机都是木头制作的，并没有很大的噪声，而且宗助的嗓门儿已经很大了。或许是秀男的织机靠近最里头，或许是他正在织一条颇有难度的筒状腰带，比较专注，他没能听见父亲的叫声。

“老太婆，你叫秀男过来一下！”宗助对妻子说。

“嗯。”妻子掸了掸膝盖，下了地。她边用拳头捶着腰间，边朝秀男的织机处走去。

秀男停下机杼，望着母亲，但并未马上起身。他或许是太劳累了，或许是知道来了客人，不便展胳膊伸懒腰。他擦着脸上的汗水，走到父亲这边。

“是您来啦。这地方又脏又乱。”秀男绷着脸招呼太吉郎。工作的劳累已经写在他的脸上与身上了。

“佐田先生画了一幅腰带的画稿，让我们来织。”父亲说。

“是吗？”秀男还是一副不起劲的样子。

“那是一条很重要的腰带，你来织更好。”

“是千重子小姐的腰带吧？”秀男这才抬起白皙的面孔，

看了看佐田。

身为一个京都人，见儿子这副冷淡的模样，父亲宗助赶紧打起了圆场。

“秀男从一大早干到现在，累了……”

“……”秀男依然没有吱声。

“不专注是干不好活儿的……”太吉郎反倒在一旁安慰他。

“虽然在织的是无聊的夹腰带，可脑子还得不停地琢磨，请您原谅。”秀男说着点了点头。

“行啊。手艺人不这样不行。”太吉郎连连点头。

“东西不怎么样，可人家知道是我家织的，还是会让人有压力。”秀男说着低下了头。

“秀男！”父亲的声调变了，“佐田先生的活儿，与其他的不一样。这是他在嵯峨的尼姑庵中画出来的画稿，是非卖品。”

“是吗？在嵯峨的尼姑庵里……”

“请你先过过目。”

“是。”

由于受到秀男气势的打压，太吉郎刚走进大友店铺时的兴奋劲几乎消失了。

他把画稿摊在秀男的跟前。

“……”

“还可以吗？”太吉郎怯生生地问道。

“……”秀男一声不吭地看着。

“不行吗？”

“……”

见儿子一味地缄默，宗助只得开口说：

“秀男，你回句话呀！这样太没礼貌了！”

“嗯。”秀男仍然没有抬头，“我也是个手艺人，难得让我看佐田先生的画稿。我觉得这不是一件平常的活儿，是千重子小姐的腰带啊！”

“是呀。”父亲点头说道，可又感到奇怪，总觉得秀男的态度有些反常。

“是不是不行？”太吉郎再次问道，语气都有点粗鲁了。

“很好。”秀男平静地说，“我没说不行。”

“你嘴上不说，心里……你的眼睛在说。”

“是吗？”

“这是什么话？……”太吉郎起身打了他一巴掌。秀男没有躲避。

“您可随便打，我根本就没有觉得佐田先生的画稿不好。”

也许是挨了一巴掌，秀男的脸反倒显得精神了。

秀男挨打后便双手撑地道歉，也没去抚摸一下发红的半边脸。

“佐田先生，请您原谅。”

“……”

“虽然惹您生气了，不过，这条腰带还是让我来织吧。”

“是吗？本就是求你们帮忙才来的。”

太吉郎尽量使自己的心情平静下来。“请你们原谅，我都这把年纪了，这样做实在不像话，打人把手都打疼了……”

“把我的手借给你打就好了。织工的手，皮厚。”

两个人都笑了。

但是，太吉郎的心底依然存有一丝芥蒂。

“不知道有多久未动手打过人了……这次承蒙你原谅。我只是想问问，秀男在看我的画稿时，为什么脸上的表情那么古怪。能如实告诉我吗？”

“嗯，”秀男的脸色再次阴沉下来，“我还年轻，又只是一个手艺人，说不大清楚。您不是说，这是在嵯峨的尼姑庵里画的吗？”

“是的。我今天还得回尼姑庵。我在那儿刚住了半个月左右……”

“别去住了！”秀男坚决地说，“您还是回家吧。”

“在家里心静不下来啊。”

“就说这张腰带画稿吧。华丽、漂亮、相当新颖。我看了很吃惊，觉得佐田先生这画稿是怎么画出来的。因此，再仔细一看……”

“……”

“乍一看觉得十分亮眼，却缺少内在的温暖与和谐。总觉得有点荒凉，略带病态。”

太吉郎的面色发白，嘴唇哆嗦着，一言不发。

“不论尼姑庵有多寂寥，佐田先生也不至于被狐狸、黄鼠狼之类的东西附身吧……”

“嗯。”太吉郎把画稿拉到眼前，专注地凝视着。

“是啊……说得有道理。你年纪不大，倒是很有眼光。谢谢……我再好好琢磨，重画一幅。”太吉郎匆忙地卷起画稿，塞进了怀里。

“不用重画，这样就很好了。织出来感觉会有所不同。再说颜料和丝线的颜色也……”

“谢谢你，秀男。难道你能将这张画稿织成暖色的，用来表示我对女儿的爱吗？”太吉郎说完便匆忙打了招呼，走出大门。

他家门前是一条小溪，一条极具京都特色的溪流。岸边的青草地也古风依旧，斜斜地倾向水面。岸边的白墙大概就是大友家的。

太吉郎伸手入怀，把腰带的画稿揉成小团，扔进了小溪里。

阿繁突然接到丈夫从嵯峨打来的电话，要她带着女儿去御室[1]赏花。她犹豫不定，因为从未与丈夫赏过花。

“千重子！千重子！”阿繁求救似的叫喊女儿，“你爸打来电话，来接一下……”

千重子过来后，搂着母亲的肩膀，接过电话。

“好的，陪妈过去。您就在仁和寺前的茶馆等我们吧。好的，我们尽快过去……”

千重子放下电话，看着母亲笑了。

“不就是要我们去赏花吗？妈，您也真是的。”

“为什么把我也叫去啊？”

“御室的樱花，现在开得正盛啊……”

千重子催促着犹疑不决的母亲，和她一起出了店门。母亲依然觉得不可思议。

城里的樱花，要数御室的有明樱和八重樱开得晚，算

1　又叫仁和寺，宇多田黄曾在该京都仁和寺内设置御室，故名。

是京都樱花最后的惜别。

走进仁和寺的山门，只见左手边的樱树林（或是樱花园）已开满了簇簇樱花，把树枝都压弯了。

可是，太吉郎却说道："哎，真让人受不了！"

樱树林中的路旁摆着几张坐榻，人们或是饮酒，或是唱歌，一片喧闹，一派狼藉。有乡下的老太高兴地跳着舞，有喝得大醉的男人们打着如雷的鼾声，从坐榻上滚到地面。

"大煞风景啊！"太吉郎有点扫兴地站立着。三个人最终没有走进樱树林。但御室的樱花，他们以前就已经熟悉了。

树林深处，有人在焚烧游客扔下的垃圾，白色的烟雾向上升腾着。

"我们找个清静的地方吧，阿繁？"太吉郎说。

他们刚要回去，看到樱树林对面高高的松树下，有六七位朝鲜妇女身穿朝鲜衣裙，在坐榻旁敲着朝鲜长鼓，跳着朝鲜舞蹈。在此地，倒是别有一番风情。透过松林墨绿的枝叶，还能看到山樱的一角。

千重子停下脚步，看着朝鲜舞蹈说道：

"爸爸，还是清静一点的地方好。植物园怎么样？"

"嗯，那儿也许会好些。御室的樱花赏过了，也算是对得起春季了。”太吉郎一家人走出山门，上了汽车。

植物园在今年四月重新开放了。在京都站前，新辟了一条直接开往植物园的电车线路。电车来来往往，并不间断。

“倘若植物园里游人也多，我们就到加茂川岸边走走吧。”太吉郎对阿繁说道。

汽车在新绿覆盖的城内行驶。与新建的房屋相比，古色古香的老房子更能显出新绿的生机。

植物园的门前是一条林荫路，向前走去，是一片开阔、明亮的场地，左手边就是加茂川的堤岸。

阿繁把门票掖在腰带里。这一片广阔的景致使得她的心胸豁然开朗。住在批发街只能看得见远山的一角，更何况阿繁是很少出门的。

走进植物园，正面就是喷水池，周边开满了郁金香。

“这儿的景色与京都的不同，难怪美国人要在此盖房子。”阿繁说。

“瞧，那里面的就是。”太吉郎附和着说。

走近喷水池，虽然春风微弱，但飞沫依然四溅。喷水池的左侧，有一间很大的圆顶温室，用钢筋和玻璃制成。三个人没有入内，只是隔着玻璃观看温室里的热带植物。不远处，右侧挺拔的喜马拉雅杉树已经抽芽，下层的枝条伸展到了地面上。虽是针叶树，但新芽柔嫩娇绿，让人无法想象那是“针”的样子。喜马拉雅杉与唐松不同，并非落叶树木，要是也落叶，它是否会像梦幻一般抽出新芽呢？

“我被大友家的儿子奚落了一番。”太吉郎没头没脑地冒出一句，“他比他父亲的手艺好，眼光也敏锐，一眼就能看到问题所在。”

太吉郎在那里自言自语，阿繁和千重子当然是听得一头的雾水。

“您见到秀男了？”千重子问。

“听说他是个很好的手艺人。”阿繁只说了这么一句，因为太吉郎平时最讨厌别人刨根问底。

沿喷水池右侧走到尽头，再向左拐就来到一个像是儿童游乐场的地方。不时听见孩子们的吵闹声，草地上还堆满了孩子们的东西。

太吉郎一家三人从树荫下向右拐，没想到来到了郁金香花圃。鲜花盛开，千重子惊喜得失声赞叹。红的、黄的、白的，还有像黑色野山茶似的深紫的，大朵的鲜花开满了整个花圃。

“嗯，新的和服上倒是可以考虑用郁金香图案，就是有点儿俗气……”太吉郎在叹息。

喜马拉雅杉下层刚抽出嫩芽的枝丫，要是将它们铺展开来，就可比作孔雀开屏，而这盛开着的五彩斑斓的郁金香又该比作何物呢？太吉郎凝视花朵想着。在这花色的映衬下，空气仿佛也被渲染，渗进了人的心里。

阿繁总是稍稍离丈夫几步，靠近女儿。千重子觉得好笑，脸上却没有表露出来。

“妈，白色郁金香花圃前那些人，好像是在相亲啊。”千重子对母亲轻声地说。

“嗯，说的是啊。”

“妈，您别老盯着人家看。”女儿扯了扯母亲的袖子。

郁金香花圃前有个喷水池，池水里养着鲤鱼。

太吉郎从凳子上站起身，走近郁金香花圃。他弯下腰，对着花丛细细端详。而后，他又回到母女俩的身旁。

“西洋花虽然艳丽，但看几眼也就会腻。我看还是竹林好。”

阿繁和千重子都站了起来。

郁金香花圃是一块洼地，四周有树林环绕。

“千重子，植物园像西式庭院吗？”父亲问女儿。

“不大清楚，好像有点儿像。”千重子答道，“为了妈妈，我们就在这儿多待一会儿吧。”

太吉郎无奈，只得又在花圃间踱起步来。

“是佐田先生吧？……唉，果然是佐田先生！”

“啊，是大友先生，秀男也来啦？”太吉郎说，“想不到会在这儿……”

“是啊。我也想不到……”宗助深深地鞠了一躬。

“我喜欢这里的樟树林荫道，一直等着植物园的开放。这些樟树的树龄已有五六十年了，我们刚从树荫下慢慢走过来。”宗助又低头致歉，“日前，儿子真是太失礼了……”

“年轻人嘛，没关系的。”

“从嵯峨来吗？”

“嗯，我是从嵯峨来的，阿繁和千重子是从家里……”

宗助走近阿繁和千重子做了寒暄。

“秀男，你觉得这郁金香怎么样？”太吉郎多少有点生硬地问。

“花倒是生机勃勃的。”秀男的回答也很唐突。

“生机勃勃？嗯，说得对，生机勃勃。但我看得有点儿腻了。花长得太稠密……”太吉郎说着，转过身去。

郁金香花的确生机勃勃。它虽然生命短暂，却充满活力，且来年还会含苞、开花。像大自然的万物一样生机勃勃……

太吉郎仿佛又挨了秀男的讥刺一样。

“我这人没什么好眼光。在衣料和腰带上，我并不怎么喜欢郁金香花之类的图案。但若是出自大画家之手，即使是郁金香图案，也会具有永恒的生命。”太吉郎仍然看着一旁说，“古代的衣料就是这样的。要说古老，怕是没有比我们京都更古老的了。它的美是谁也无法创造的，唯有临摹而已。”

“……”

“就以活着的树木而言，没有什么树比京都更古老的了。你说是吗？”

“这样的道理太深奥了，我说不好。我每天忙着在织机上织布，从没想过这样深奥的道理。”秀男低下了头，“不过，比如说吧，要是千重子小姐能站在中宫寺[1]和广隆寺[2]的弥勒佛前，她不知要比大佛美多少呢！”

“千重子要是听见你的话会很高兴的。你的比拟真是过奖了……不过秀男呀，女儿很快就会变成老太婆的，很快的。”太吉郎说。

“所以我才说，郁金香是生机勃勃的。”秀男加重语气

---

1 中宫寺位于日本奈良县生驹郡斑鸠町的圣德宗尼庵，西邻法隆寺。传圣德太子在生母死后将其宫殿改为寺。

2 广隆寺位于日本京都市右京区太秦峰冈町。真言宗御室派的特别总寺院。推古十一年（603）由秦河胜创建，以所藏国宝弥勒菩萨半跏思惟像而闻名。

说，“它花期虽短，可是在竭尽生命力地盛开。现在正是它开花的时节。”

“这倒是。”太吉郎转身朝向秀男。

“我并不期望要织出系上几代的腰带，眼下……我只想织出好的腰带，只要能让人称心如意，哪怕只系上一年也可以。”

“有志气！”太吉郎点头称是。

“有什么办法呢，我和龙村[1]先生他们不一样。”

“……”

“我之所以说郁金香生机勃勃，就是出于这种心情。现在花儿虽然盛开，有的也已经凋谢两三片花瓣了。”

“是啊。”

“说到落花，樱花缤纷散落，最有雅趣，不知郁金香会怎样？”

“花瓣散落……”太吉郎说，“对我来说，郁金香过于稠密，令人发腻。颜色过于艳丽，反而缺少韵味……人上年纪了。”

“走吧。”秀男催促太吉郎，“送到店里的郁金香腰带的

---

1 即龙村平藏（1876—1962），日本染织工艺专家，生于大阪。从事关于正仓院布块等古代纺织品的研究、复原和制作。

画稿中，没有一张是生机勃勃的。看到这儿的花，真让人眼前一亮。”

太吉郎他们一行五人，从洼地的郁金香花圃走上了石阶。

石阶一旁种着一排雾岛杜鹃花，与其说是一道绿篱，莫如说是一道长堤。现在还不到花期，但它细小茂密的嫩叶把盛开的郁金香映衬得格外娇艳。

登上去后，右侧是一大片牡丹园和芍药园，尚未开花。大概是新种下不久，他们对这儿的花圃还不甚熟悉。

东面，比叡山就在眼前。

植物园内，在任何地方都能看到比叡山、东山和北山。芍药园东面的比叡山，就像在正面一样。

“比叡山上的云霞浓郁，所以山显得很低。”宗助对太吉郎说。

“有了春天的云霞才显得柔美啊……”太吉郎看了半晌才说，“大友先生啊，望着那云霞，你不觉得春光即将逝去吗？”

“是啊。”

“那么浓郁的霞霭，反倒叫人……春色即将过去。”

“可不是嘛。”宗助说，“时间过得真快。我还没怎么赏花呢！”

“这也没什么可稀罕的。”

两人默默地走着。接着，太吉郎开口说：

“大友先生，我们从你喜爱的那条樟树林荫道走回去吧？”

“哦，那太好了。只要能在那条道上走我就满足了。我们就是从那条路上来的……”宗助回头冲着千重子说：“小姐也随我们一起走吗？”

道路两侧的樟树，枝干相交，树梢上的新叶相当柔嫩，略微发红。明明没有一丝风，它们却在微微摇摆。

五个人谁也不说话，缓慢地行走着。他们各自的思绪，在树荫下翻飞。

秀男刚才把奈良和京都最美的佛像同女儿相比，说千重子更美。这几句话始终萦绕在太吉郎的脑海之中。难道秀男对千重子竟如此钟情吗？

“不过……”

如果千重子与秀男结了婚，在大友的作坊之中，她的位置究竟在何处呢？难道要像秀男的母亲那样，从早到晚地在织机旁纺纱吗？

太吉郎回头望去，看见千重子只顾听着秀男讲话，还不时地点头称是。

即使“结婚”，千重子也未必要嫁去大友家，把秀男招到自己家中当赘婿又何妨呢？太吉郎心想。

千重子是独生女，要是嫁出门，母亲阿繁该有多么伤心啊。

而秀男是大友家中的长子，虽然他父亲说其手艺比他的更好，但他家还有次子和小儿子。

再说，太记老店尽管生意开始清淡，旧的章法未改，但毕竟是中京的批发商，与只有三台织机的作坊不同。大友家中没有一个雇员，全靠一家几口人亲自劳作，其生活可想而知。这从秀男母亲麻子的身上、从他家简陋的厨房也能看得出来。秀男虽是长子，但只要能谈好，还是有做上门女婿的可能的。

“你家的秀男相当稳重啊。”太吉郎试着向宗助搭话，“年纪轻轻，就很有指望，真是……”

“唉，谬赞了。”宗助坦然自若地说，“干活儿还算肯用心出力，不过一到人前，净说些得罪人的话……真叫人担忧。”

“那很好嘛。打上次起，我一直得到秀男的指点呢。”太吉郎倒是说得挺快乐。

“请多包涵。他就是那个臭德行。”宗助说着微微低下头，“连爹妈说的话，他要是不接受，也是全不搭理的。”

“那样才好！”太吉郎点头称是，“今天你怎么只带他一个人出来？”

“要是把他的弟弟也带来，织机不就要关掉了吗？再说，这孩子太过倔强，把他带到我喜欢的樟树林荫道里走走，兴许能陶冶他的性情，变得随和些……”

“这条林荫道真好。老实说，大友先生，我带阿繁和千重子来逛植物园，也是听从了秀男的忠告。”

“嗯？”宗助狐疑地盯着太吉郎的脸，“恐怕是你想见见令爱吧？”

“不是，不是。”太吉郎慌忙否认。

宗助回过头，见秀男和千重子走在后面，阿繁又落在他俩后面。

出了植物园的大门，太吉郎对宗助说：

“坐我们这辆车回家吧，西阵很近。我们还要到加茂川堤岸上去走走……”

看到宗助还在犹豫，秀男便说：

“那我们就不客气了。”他让父亲先上了车。

佐田一家在路旁目送着汽车，宗助在座位上欠身致意，看不清秀男是否点过头。

“这孩子真有意思。”太吉郎想起自己打他耳光的事情，忍着笑说，“千重子，你跟秀男倒挺谈得来。一个女孩子，穷于应付吧？”

千重子面露羞怯的神色，说：“是在樟树林荫道上吧？我只是听他说话，也不知道他怎么会对我讲那么多，讲得那么起劲……”

“还不是因为喜欢你千重子嘛！这情景谁不明白？他说过，中宫寺和广隆寺的弥勒都不如小姐漂亮呢……连我听了都愣住了，这个怪小子还挺能说会道的。”

“……”千重子也吃了一惊，羞得连脖子都通红了。

“他都说了些什么？”父亲问。

“说了他们西阵手工织机的命运之类的事情。”

“命运？嗯？”

见父亲沉思起来，女儿又答道：

“命运，说起来深奥。嗯，命运……”

出了植物园，右侧加茂川堤岸上立着成排的松树。太吉郎走在前面，从松林间下至河滩。说是河滩，其实是一溜儿瘦长的青草地，嫩草如茵。忽然，传来流水冲落堤岸的水声。

青草地上，有一群正在吃着盒饭的老人，也有一些在漫步的男女青年。

对岸，上面是行车道，下面是散步的场所。隔着稀疏的樱树叶影，能看到中间的爱宕山，它与西山相连。河上游的北山仿佛离得很近。这一带属风景区。

“坐下歇一会儿吧。”阿繁说。

从北大路的桥下，可以看到河滩的草地上晾晒着一些友禅印花绸。

“哦，春天到了。”阿繁环视四周，说道。

“阿繁，你看秀男这孩子怎么样？”太吉郎问妻子。

“什么怎么样？”

“做我们家的上门女婿……”

“嗯？怎么突然间提起这档子事来了？”

“人很可靠啊！”

“这倒是。可这也得先问问千重子的意思啊。”

“千重子很早就说过绝对服从父母之命嘛。”太吉郎看了千重子一眼，“千重子，你说呢？”

“这种事可不能勉强！”阿繁也看着千重子说。

千重子低下头，眼前浮现出水木真一的身影。那是幼时的真一，画着眉，涂着唇，化着妆，一身王朝时代的装束，坐在祇园祭的彩车上。那时候，千重子当然也很幼小。

北山杉

自平安王朝[1]始，在京都，只要说起山便是指比叡山，讲到节日便是指加茂的节日。

五月十五日的葵花祭已经过去了。

自昭和三十一年（1956）开始，在葵花祭的仪式中，斋王[2]一行就加入了敕使的行列里。这是在复活古老的典仪。在退居斋院之前，斋王先在加茂川净身，然后穿上十二件广袖内衣，乘着牛车渡河。前有身穿便服的命妇，坐于轿上；后有女官女童跟随，杂以奏乐的伶人。由于这身装束，加上斋王也与女大学生的年龄相仿，所以看上去既风雅又艳丽。

千重子的同学中，有个姑娘被选中去扮斋王。当时千重子和同学们都到加茂川河堤上去看游行队列。

---

1 平安王朝，日本自延历十三年（794）桓武天皇定都平安京（京都）至建久三年（1192）镰仓幕府成立的历史年代。这一时期兴起的佛教，前期为密宗，后期为净土宗。史书上称平安时代为王朝时代。

2 斋王，指侍奉于三重县伊势神宫和京都加茂神社的未婚的内亲王或者女王。一般伊势神宫称为斋宫，加茂神社称为斋院。

京都有着众多的古庙、神社，可以说几乎每天都有大大小小的节日。翻翻日历便知，五月里就有好几次。

祭神献茶、茶室、郊外的休息地，茶釜总能派上用场，简直供不应求。

今年五月，千重子连葵花祭也没有去看。一来是因为雨水太多，二来是因为小时候父母领着她各处都看过了。

鲜花固然是喜欢，但千重子更喜爱看嫩绿的新叶。高雄的枫树嫩叶自不在话下，若王子一带的新叶，她也很钟爱。

有人从宇治寄来一些新茶。千重子沏着茶说：

“妈，今年我们连采茶都忘记去看了。”

“说到采茶，怕现在还在进行吧。”

“也许是吧。”

那时植物园的樟树刚刚发芽，美如花树。大概也是属于发芽较晚的。

千重子的朋友真砂子打来了电话。

“千重子，一起去高雄看枫叶吧。”她约千重子，“比看红叶时节的人少……”

“时令已经晚了吧？”

“那儿比城里冷些，还不会吧。”

“嗯。”千重子稍作停顿，“上次看了平安神宫的樱花之后，再去看看周山的樱花就好了。可是全给忘记了。那棵古树……赏樱花已经过了时间，我倒想去看看北山杉，从高雄过去很近吧。看到又挺拔又漂亮的北山杉，心里特别痛快。从那儿顺便去看看杉树好吗？比起枫树，我更爱看北山杉。”

既然来到这儿，千重子和真砂子就决定把高雄的神护寺[1]、槙尾的西明寺[2]、栂尾的高山寺[3]的枫树绿叶都观赏一下。

神护寺和高山寺都坐落在陡坡之上。真砂子已经换上了一身轻便的西式夏装，脚上穿着平跟皮鞋。千重子穿着和服。真砂子怕她行走不便，悄悄地瞟了她几眼。但千重子并无吃力的样子，还问道：

“你干吗老那么看我呀？”

“真美呀！”

“真美呀！”千重子站停，俯视着清泷川说，“本以为山林的绿色已经郁郁葱葱，变成深绿了呢。好凉快呀！”

---

1 神护寺位于京都右京区梅畑高雄町，是与高野山真言宗总寺院同等规格的寺庙。山号高雄山。

2 西明寺位于京都市右京区梅畑槙尾町，是真言宗大觉寺派的寺庙。832 年由空海的高足智泉空开创。

3 高山寺位于京都市梅畑栂尾，宝龟五年（774）由光仁天皇发愿创建。藏有《鸟兽嬉戏图》等国宝。

“我……”真砂子忍住笑，“千重子，我说的是你呀！”

“……”

“你这么个美人胚子是怎么生出来的。”

“别瞎说。”

“你穿着一身淡雅的和服，站在万绿丛中显得特别动人。要是你的和服华丽些，会有另一种艳丽。”

千重子穿了一件酱紫色的和服，腰带是用父亲毫不吝惜地裁下的那块印花绸缎做的。

千重子走上石阶，想起了神护寺里那幅平重盛[1]和源赖朝[2]的画像——安德烈·马尔罗[3]认为可将其列为世界名画。平重盛的面颊上有一处隐隐留下一点红色。正想到这儿时，真砂子对她说起这话来。同样的话语，之前真砂子已经对她说过多次了。

在高山寺，千重子喜欢从石水院宽阔的走廊上眺望对面的山色，也喜欢观看那幅开山祖师明惠[4]上人在树上坐禅的肖像画。壁龛旁边挂着幅《鸟兽戏画》的复制品。两人

---

1 平重盛（1138—1179），日本平安末期的武将，清盛的长子，先于父亲病死。

2 源赖朝（1147—1199），日本镰仓幕府第一代将军，义朝的三子。建久三年（1192）任征夷大将军，创立镰仓幕府。

3 安德烈·马尔罗（André Malraux，1901—1976），法国作家、艺术评论家。

4 明惠（1173—1232），日本镰仓初期的僧人。原名高辨，纪伊人。被公认为华严宗的中兴之祖。著有《摧邪轮》等。

在走廊上还受到了清茶招待。

从高山寺再往里，真砂子就没进去过了。那是游客止步的地方。

千重子想起父亲上次带她去周山赏花，摘了一些又粗又长的问荆草回家。后来每次来高雄，哪怕只是一个人，她也要顺路去看看长满北山杉的村子——现在那儿已经并入市区，街名叫作北区中川北山町，有一百二三十户人家，叫村子也许更合适。

“我走惯了路，我们还是走着去吧？”千重子说，“路又修得这么好。”

到了清泷川边，山势变得陡峭逼仄。没走多久，便望见了美丽的山林。杉树挺拔而又整齐，一看就知道是经过精心修整的。北山的圆杉木属名贵木材，只有这个村子出产。

一群女人从杉山上走下来，或许是到了下午三点的休息时间，抑或是割草回来。

真砂子突然停下来，惊讶地凝视着其中的一个姑娘。

“千重子，那孩子真像你。简直与你如出一辙。”

姑娘穿了一件藏青底碎白花纹的窄袖上衣，双肩扎着吊袖带，下身穿着扎脚裙裤、系着围裙，手上戴着手背套，头上包着手巾。围裙一直围到后腰，两侧开衩。她身上只有吊袖带和扎脚裙裤的细带是红色的。装扮与其他姑娘的相同。

一般的卖柴女或卖花姑娘也是这样的打扮，只是这些姑娘不进城卖东西，而是在山里干活儿。日本妇女在田间或山里干活儿的穿着大概都是如此。

“真是像极了。你不觉得奇怪吗？千重子，你好好瞧瞧！”真砂子反复念叨。

“是吗？”千重子并未细看，“你也太冒失了。”

“不管我有多冒失，可她长得那么漂亮……”

“漂亮是漂亮，可是……”

“就像是千重子的私生子一样。”

“瞧，你该有多冒失呀！”

被千重子这么一说，真砂子这才感到自己失言了，讲得有点离奇，便赶紧掩住笑声，说：“人难免有长相相似的，可你们俩实在太像了！”

那姑娘与她的同伴几乎不看千重子她们，便走了过去。

姑娘的头上裹着手巾，只露出前面的一点头发，脸庞又被遮去了一半，并不像真砂子所说的，可以看得那么真切，再说还不是面对面的直视。

何况，这村子千重子已经来过多次，看过杉树先被村里的男人们剥个精光，再由女人们仔细刮净，还看过她们用凉水或热水以及菩提瀑的砂子，打磨圆杉木的情景。对那些姑娘的长相，都有些模糊的印象，因为这样的活计都在路边或户外进行的。而小小的山村里也没有那么多的姑娘。当然，她也不可能把每个姑娘的脸看得都那么仔细。

真砂子目送着那群姑娘们的背影，稍稍平静了下来。

“真不可思议。”她又嘀咕了一句，还侧过脑袋端详着千重子的脸。

“真的很像。”

“你说哪儿像？”千重子问。

“怎么说呢？也许是我的感觉吧。很难说清哪儿像，不过，眼睛和鼻子……城中的小姐和山间的姑娘当然不一样，你别介意。”

“那算什么……”

“千重子，我们跟着那姑娘去她家看看，如何？”真砂子心有不甘地说。

准备跟踪到那姑娘家中去看个究竟，真砂子的性格再爽朗，怕也是嘴上说说而已吧。然而，千重子还是放慢了步伐，走走停停，一会儿抬头望望山上的杉树，一会儿又注视着堆在家家户户门前的圆杉木。

白白的圆形杉木，粗细几乎相同，被打磨得光滑美观。

“真像工艺品啊！”千重子说，“修建茶室好像也用这种木材，甚至还远销到九州和东京……”

圆杉木竖立在屋檐下，整整齐齐地列成一排；在二楼也竖着一排。有户人家在二楼的圆杉木上晾晒衣物，让真砂子觉得稀罕。

“这家人居然就住在木头堆里。”

“你真是冒失，真砂子……”千重子笑着说，“靠着圆杉木的，不就是一幢漂亮的住房吗？”

“哦，二楼原来是晾晒衣物的……”

“刚才说那姑娘像我，也是出自真砂子这张嘴。”

“那是两码事。”真砂子认真地说，“我说她像你，你就那么意外吗？”

“一点儿也不……”千重子说着，眼前突然浮现出那姑娘的眼睛。在她勤劳健美的身上，那双漆黑、深邃的眼睛显得分外沉寂和忧郁。

“这个村子的女人们都挺能干的。”千重子想要逃避什么似的说。

“女人和男人一样干活儿，有什么好稀罕的。乡下人全都那样。卖菜的、卖鱼的，全那样……”真砂子轻松地说，“只有像千重子这样的千金小姐才会什么都大惊小怪的。”

“以后，我也打算去干活儿的。那是在说你自己吧。”

“哼，我才不愿去干活儿。”真砂子说得干脆。

“干活儿，真是说说容易呀……真想让真砂子看看村里的姑娘是怎么干活的。”千重子又把视线投向山上的杉树，“大概到了开始剪枝的时候了。”

“什么叫剪枝啊？”

“要想让树木长得好，就得砍掉多余的树枝。人们有时使用梯子爬上去，不过大多数场合都是像猴子那样，从这棵树的树枝跳到那棵树的树枝上……”

“那多危险啊！”

“有的人一早爬上去，到吃中午饭时还下不来……”

真砂子也抬头仰望山上的杉树。那挺拔整齐的树干，真是漂亮至极。残留在树梢上的一簇簇树叶，就像装饰在上面的工艺品。

这座山不高也不深。山顶上挺立着一棵棵杉树，仿佛一抬头便清晰可见。这种杉树可以用来盖茶室，可以说它们的形态也呈现出了茶室的风貌。

清泷川两岸的山体陡峭，形成了一道狭长的山谷。据说此地雨量充沛，日照缺乏，是培育圆杉木用材的天然条件。当然，它们也可以防风，但是遇到强风时，有的杉树会在尚不坚挺的娇嫩之处弯曲或者变形。

山脚下，村里的房子依山傍水，排成一排。

千重子与真砂子一直走到山村的尽头才折返回来。

有一户人家正在打磨圆杉木。他们把浸在水中的杉树捞起来，女人们用菩提砂仔细地研磨。砂子是红褐色的，看上去与黏土相似，听说是从菩提瀑布下面取来的。

“要是这种砂子没有了，那该怎么办?”真砂子问。

“一下雨，砂子就会随瀑布冲下来，沉积在河底。”一个上了年纪的女人回答。真砂子心想，她倒是很乐观。

正如千重子所说，女人们都在不停地忙碌着。那五六寸粗的圆木，应该是用来做柱子的吧。

据说圆木磨好后，洗净，晒干，卷上纸，或者包上稻草，就可以往外运了。

就连清泷川旁的河滩上，有的地方也种有杉树。

望着山上一片片挺立着的杉林，以及一段段竖立在屋檐下的圆杉木，真砂子的眼前浮现出京都老房子一尘不染的格子门窗。

村口有一个国铁的公共汽车站，叫菩提瀑。瀑布大概就在这上面。

她们俩在那儿坐上了回城的公共汽车。沉默了一阵之后，真砂子突然冒出一句：

“女孩子要是也能长得像杉树那样挺拔，该有多好。”

“……”

“只是我们这样的人得不到那般细心的照料。”

千重子笑了起来。

“真砂子，你跟他见面了？”

“嗯，见过了。坐在加茂川边的草地上……”

“……”

“当时，木屋町的凉台上顾客也多了，已经点上了灯。不过我们是背朝着他们坐的，凉台上的客人看不出我们是谁的。”

“今晚呢？”

“今晚约的是七点半，又是个半明半暗的时间。”

千重子很羡慕真砂子这种与异性交往的自由。

千重子一家三人坐在后客厅里吃晚饭。从后客厅可以看见中庭。

“今天岛村先生送来不少竹叶寿司，是瓢正老店的，所以晚上我只烧了一个汤，你将就吃吧。”母亲对父亲说。

“是吗？”

父亲最喜欢吃加吉鱼做的竹叶寿司。

“因为做饭的人回家晚了……”母亲在说千重子，“她又去看北山杉了，和真砂子一起……”

“嗯。”

伊万里瓷盘里放着竹叶寿司。剥开包成三角形的竹叶，饭卷里有一两片切得薄薄的加吉鱼。汤碗里有些豆腐皮和香菇。

就像外头的格子门一样，太吉郎的店铺还保留着京都批发老店的风格，但现在也改成了公司，掌柜、店员都成了职员，大部分人每天从家里上班，只有从近江来的两三个店员还住在临街有窗户的二楼。吃晚饭的时候，后客厅里显得十分宁静。

“千重子，你喜爱上北山杉的村落去。”母亲问道，“那是为什么？”

“那儿的杉树挺拔、俊美，我想，人的心要是能长成那样就好了！”

“千重子不就是那样的人吗？”

“不，我的心是弯曲的……”

“是啊。”父亲插嘴说，“即使是个直爽的人，也难免会有各种念头。”

“……”

“那也没什么不好。长得像北山杉那样固然可爱，但那很难得。就是有，说不定什么时候也会遇上不幸。我想，树木弯也罢，曲也罢，能长大就好……只要看看我们家小庭院里的老枫树就能明白了。”

“对千重子这样的好孩子，你胡说些什么呀！”母亲有点儿愠怒。

“知道，我知道。千重子是个正直的孩子……”

千重子望着中庭，沉默了一阵。

“要像那棵枫树一样坚韧，可我……”她悲哀地说，“像生长在枫树干洼眼里的紫花地丁一样。哦，不知何时，紫花地丁已经谢了。”

“真的……到来年春天，它一定还会再开的。”母亲说。

千重子低着头，目光停留在老枫树根旁那雕有基督像的石灯上。即便借着屋里的灯光，那风化磨损的圣像也已看不大清了，但好像在祈祷似的。

“妈，我到底是在哪儿出生的？”

父亲和母亲对视了一眼。

“是在祇园的樱花树下啊。”太吉郎语气坚定地说。

要说是生在夜晚祇园的樱树下，那不是与民间故事《竹取物语》中的辉夜姬从竹节里出生一样了？

正因为如此，父亲才说得那么坚定。

千重子忽然想开个玩笑：要是生在樱花树下，说不定也会像辉夜姬那样被接到月宫里去的呢。可是，她并未说出来。

捡来的也好，偷来的也罢，现在的养父母是不会知道千重子出生在哪里的。也许连千重子的亲生父母是谁，他们也不知道。

千重子后悔了，觉得不该作此提问，但又觉得还是不作道歉更好些。但她又不明白自己为什么会冷不防地发问。莫非是因为模糊地想起了真砂子所说的，在北山杉村子里有个姑娘和自己长得一模一样？

千重子不知道该往哪儿看，便将目光停留在大枫树的树梢上。不知是因为月亮出来了，还是繁华街区的灯火映照，夜空显得微微发白。

“夜空已是夏天的色彩了。”母亲阿繁也抬头仰望着天空说，“我说千重子呀，你就是生在这个家里的。虽然不是我生的，但确实是生在这个家中的。”

“嗯。”千重子应道。

正如千重子在清水寺对真一所说的，她不是阿繁夫妇晚上从圆山的樱树下抱来的，而是一个被扔在店铺门前的弃儿，是太吉郎把她抱进家门的。

那是二十年前的事情。那时太吉郎三十来岁，生活相当放荡，妻子并没有马上就相信他所说的话。

“净说些好听的……说不定是你与某个艺妓生下的，抱到了家里。”

“胡说八道！”太吉郎变了脸色，“你好好看看这孩子的穿着，这是艺妓的孩子吗？嗯？是艺妓生的孩子吗？”他说着，把婴儿递给了妻子。

阿繁接过婴儿，把脸贴在她冰凉的小脸上。

“这孩子，你打算怎么办呢？”

“我们到里面慢慢商量。你愣在那儿干什么？”

“还是刚刚生下来的。”

由于不知亲生父母为何人，不能收为养女，所以在户籍本上申报为太吉郎夫妇的亲生女儿，取名千重子。

俗话说，领来的孩子会招来亲生子，但阿繁自己并没有怀上孩子。他们把千重子当作独生女养育、疼爱。岁月流逝，究竟是什么样的父母抛弃了千重子，太吉郎夫妇已不再放在心上。而千重子亲生父母的生死，也无从知晓了。

这天吃完晚饭，拾掇十分简单，只要把竹叶和汤碗收拾一下就行，千重子一人在整理。

拾掇完毕，千重子回到后面二楼她自己的卧室，翻阅了父亲曾带到嵯峨尼姑庵去的保罗·克利和马克·夏加尔等人的画册。刚入睡不久，她就发出被噩梦魇住的惊叫声：

“啊——啊——”

她挣扎着醒来。

“千重子，千重子！”母亲在隔壁房里喊她。千重子还未回答，纸槅门就被拉开了。

“做噩梦了吧？”母亲进屋问，“做梦了吗？”

她坐在千重子的身旁，拧亮了枕边的台灯。

千重子已坐在睡床上。

“哟，出了这么多的汗。”母亲从梳妆台上拿来一块纱布手巾，为千重子擦去额头和胸口的汗水。千重子任由母亲擦拭。“多么白皙的胸脯啊。”母亲暗自想道，把手巾递给了千重子。

“擦擦胳肢窝……”

“谢谢妈。”

“做噩梦了吗？”

“做了一个从高处下坠的梦……一下子掉进了一个可怕的绿色深渊里，深不见底。”

“这样的梦，谁都做过。”母亲说，“掉进无底的深渊。”

“……”

“千重子，可别感冒了。换件睡衣吧？”

千重子点了点头，可还是心有余悸。她刚想站起身子，脚下依然有点不稳。

“行了，行了，还是我来拿吧。”

千重子坐在床上，腼腆而又麻利地换好睡衣。正要折叠刚换下的衣服，母亲就说：

“别叠了，反正是要洗的。”她拿过去挂在角落的衣架上，又走回来坐到千重子的枕边。

“做梦倒没什么关系……千重子，你不会是发烧了吧？”她说着，把手放在女儿的额头上。那儿是冰凉的。

“嗯，准是上北山杉的村里给累着了。”

“……”

“看你这脸色，真叫人放心不下。妈过来陪着你睡吧。”

说完便要去搬被子。

“谢谢……已经没事了，您放心去睡吧。”

“是吗？”母亲边说边往千重子的被窝里钻。千重子把身子往旁边挪了挪。

“千重子都长这么大了，妈再也不能搂着你睡了。多奇怪呀！”

然而，母亲倒是先安稳地睡了。千重子怕母亲的肩头着凉似的用手摸了摸，然后关掉床头灯。可是，千重子却怎么也无法入睡。

千重子先前做的梦很长。她对母亲说的只是梦的结尾。

起初，那并不像是梦，倒像是在梦与现实之间，她高兴地想起白天和真砂子一起去北山杉村子里的事情。奇怪的是，真砂子说起的那个与千重子相像的姑娘，此时的形象竟然远比在村里的时候鲜明。

梦到最后，她才掉进了一个绿色的深渊。那绿色或许就是留在她心中的杉山吧。

鞍马寺的伐竹会是太吉郎喜爱的一种仪式，大概是因为其中有着男子气概吧。

太吉郎年轻时去看过多次，如今已不觉稀罕，但倒是想带女儿千重子去看看。再说今年由于经费紧缩，鞍马寺十月份的火节，怕是不会举办了。

太吉郎担心天会下雨。伐竹会定于六月二十日举行，正值黄梅雨季。

十九日那天的雨，下得比平日的梅雨要大得多。

“这么个下法，看来明天会告吹吧。”太吉郎望着天空说道。

“爸爸，下雨也没有关系。”

“是没有关系。”父亲说，“但天气不好总是……”

二十日，天还是湿答答地下着雨。

“把窗户和橱门关紧，讨厌的湿气会让衣物受潮的。”太吉郎对店员说。

“爸爸，不去鞍马寺了吗？”千重子问父亲。

“明年还会有，今年只能算了。这种天气，鞍马山上云遮雾罩，也没什么……”

参加伐竹会表演的不是出家的僧人，大多是乡间的农民，他们被称为法师。十八日就得做好伐竹会的准备。先在鞍马寺正殿的左右两侧竖立起圆杉木，然后用公竹和母竹各四根做横梁，绑在圆杉木上。公竹去根留叶，母竹则连根带叶。

对着正殿的，左面为丹波座，右面为近江座，这是自古以来的称呼。

当班的人身穿代代相传的白绢素服，脚穿武士的草鞋，肩上系着玉袖吊带，腰间插着两把刀，头上包着五帖袈裟做的僧巾，腰部饰有南天竹叶。伐竹用的山刀藏在锦囊之中。他们由开路向导领向山门。

下午一点时分，身着直裰僧衣的僧人吹响法螺，伐竹会便正式开始了。

两个男童齐声向长老称贺：

“恭贺伐竹神事大吉。”

然后，两男童又分头走向左右两座道贺：

“近江之竹上好。”

“丹波之竹上好。”

伐竹时，把绑在圆杉木上粗壮的公竹砍断，然后整理好；细的母竹则不砍。

之后男童向主持的长老宣告：

“伐竹完毕。”

众僧一一步入殿内诵经。他们抛撒夏菊，以替代莲花。

主持的长老走下祭坛，打开扁柏丝扇，上下接连扇三次。

伴随着“嚯、嚯”的吆喝声，近江和丹波两座各有两人将竹子砍成三截。

太吉郎原想让女儿去看伐竹会，但因天阴下雨，就有些犹疑不定了。这时，只见秀男夹着个小包袱走进了格子门。

“小姐的腰带总算织成了。”

“腰带？”太吉郎惊奇地问，“我女儿的腰带？”

秀男后退一步，恭敬地手撑榻榻米施礼。

“是郁金香图案的吗……”太吉郎随口问道。

“不，是您在嵯峨尼姑庵画的那幅……”秀男认真地回答，“那天我年轻气盛，对佐田先生真是太失礼了。”

太吉郎不由得一怔。

“哪里，我只是随便画着玩的。倒是秀男你指点了我，让我有所觉悟，应该是我向你道谢才是。”

“承蒙器重，那条腰带我已经织好送来了。”

“咦？”太吉郎不胜惊异，“那幅画稿，我已经揉作一团，扔进你家旁边的小河里去了。”

“扔掉了吗？……是吗？”秀男毫无怯懦，平静地说，“您不是让我看过了吗？画稿已经印在我的脑子里了。”

“不愧是手艺人哪！”说着，太吉郎又感到纳闷儿了，“可是，秀男啊！画稿我已经扔到小河里了，你为什么还要把它给织出来呢？”太吉郎再次叮问，忽然间涌起一种心绪，说不上是悲伤还是激愤。

“缺少内在的和谐，荒凉，病态……这些不都是你秀男说的吗？”

“……”

“所以，我一走出你家家门就把画稿扔进小河里去了。”

“佐田先生，请您原谅。”秀男的双手撑在榻榻米上，低头致歉，“我也是因为整天在织些无聊的东西，心中疲累，焦虑不堪啊。”

“我的心情也和你一样。在嵯峨的尼姑庵中，虽则宁静，只有一个上了年纪的尼姑庵主，另有一个前来帮忙的老太，却也相当寂寞……再说，店铺的生意日渐萧条，所以我觉得你说的很有道理。我这个批发商何必画什么画稿呢？那种新颖的图案，就更……唉！”

“我也想了很多，在植物园遇到小姐之后，又做了一次思考。”

“……”

“这腰带，请您过目。如果不满意，您就当场用剪刀将它剪碎吧。”

“好吧。”太吉郎点点头，然后招呼女儿，“千重子，千重子！”

千重子正坐在账房的掌柜身边，她起身走了过来。

秀男长着一双浓眉，紧抿着嘴，脸上满是自信，但在解开包袱时，手指仍然有点颤抖。

他对太吉郎不便再说些什么，遂转身面向千重子。

“小姐，请您品鉴。这是按令尊的画稿织的。”他说着把卷着的腰带递过去，一副拘谨的样子。

千重子把腰带刚展开一点，说道：

“啊，这是爸爸在嵯峨受到克利画册的启发画的吧。”她将腰带一直展开到膝盖上，“哎呀，太好了！”

太吉郎绷着脸，一声不吭。但他对秀男能记住自己的画稿再复制出来，实在感到惊讶。

“爸爸！”千重子满怀率真的喜悦，“这条腰带真好！”

“……”

她用手摸了摸腰带的质地，对秀男说："您的织工太精致了。"

"嗯。"秀男低下头来。

"可以在这儿展开来看看吗？"

"嗯。"秀男回答。

千重子站起来，在父亲和秀男面前把腰带完全展开。她一只手搭在父亲的肩上，就这么站着端详着。

"爸爸，您觉得怎么样？"

"……"

"您不觉得好看吗？"

"真的好看吗？"

"嗯。谢谢爸爸！"

"你再仔细瞧瞧。"

"这是新颖的花样。当然，还要看配什么样的和服……不过的确是一条好腰带！"

"是吗？要是你还满意，那就好好谢谢秀男。"

"秀男先生，谢谢您。"千重子说着，在父亲身后跪下身，低头道谢。

"千重子，"父亲叫她，"这腰带和谐吗？构思和谐……"

"嗯？和谐？"千重子像是毫无准备似的被问住了，又看了看腰带，"是否和谐，要看配什么样的和服，还要看是什么人穿戴……不过，现在那些故意打破和谐的衣服倒是很流行的……”

“嗯。”太吉郎点点头说，“其实呀，千重子，当时我把腰带画稿给秀男看，他说不和谐。我一怒之下，就把画稿扔进秀男家旁边的小河里去了。”

“……”

“谁知道秀男竟然织好拿来了，这腰带跟爸爸扔掉的画稿一模一样。尽管颜料和丝线的颜色有点儿差别。”

“佐田先生，还请您原谅。”秀男双手伏地道歉。

“小姐，实在冒昧，能否请您系上腰带试试?”

“就在这件和服上？……”千重子起身系上腰带，顿时显得光彩照人。太吉郎的神态也平和下来了。

“小姐，不愧为令尊的杰作啊！”秀男的眼睛闪着光亮。

祇园祭

千重子提着个大篮子走出店铺，去往麸屋町的老店汤波半。从御池大街往北的一路上，她看到比叡山到北山之间的天空，晚霞似火烧一般的通红。千重子站着仰望了一阵子。

夏季昼长，晚霞早现，天色并不单调。红彤彤的云霞转眼间就占满了天际。

“天空居然有这番光景，我还是头一次看到呢。”

千重子掏出小镜子，在一片晚霞下照照自己的脸庞。

“忘不了啊，一辈子也忘不了……人哪，心情会掌控一切的吧。”

在晚霞的衬映下，比叡山和北山竟是一片湛蓝。

在汤波半老店里，豆腐皮、牡丹豆腐皮和八幡卷[1]已经制作完毕。

“您来啦，小姐。一遇到祇园祭，就忙得不可开交，这

1 八幡卷，日本菜肴之一。将煮熟的牛蒡卷上康吉鳗、鳝鱼等肉片，再用蘸酱油烤或者熬制。由于京都的八幡市是牛蒡的产地，故名。

还只够供应一些老主顾呢。还请您包涵。”

这家店铺平日里只接受预订。在京都，点心行业中也有此类的老店铺。

“是祇园祭用的吧？一直受您关照，多谢了！”汤波半的老板娘说着把千重子的篮子塞得满满当当。

所谓八幡卷，就像鳗鱼卷一样，是用豆腐皮裹上牛蒡做的。牡丹豆腐皮则类似炸豆腐什锦，只是豆腐皮里包的是银杏果馅子。

这家汤波半是在一八六四年那场“不停烧”的大火中幸存下来的老字号，已有两百多年的历史。当然，有些地方多少做了修整，比如小天窗安上了玻璃，做豆腐皮的炉灶改成了砖砌的。

“以前烧木炭时扬起的炭灰会掉在豆腐皮上，所以改用锯木屑来烧。”

“……”

用四方形的铜板隔成一格格的锅子里，待豆腐皮结成时，就用竹筷子将它巧妙地捞起来，晾在锅上面的细竹棍上。竹棍上下摆上几层，豆腐皮干爽后就依次往上移动。

千重子走进作坊的最里面，手扶古老的立柱。陪母亲一起来的时候，母亲经常会抚摸这根古色古香的立柱。

“这是什么木料做的?”千重子问。

“扁柏木。很高，笔直笔直的，一直到顶上……”

千重子也摸了摸这根古老的立柱，然后走出了店铺。

回家的路上，千重子听见祇园祭正在排练的鼓乐声，异常响亮。

从远方来看热闹的人，常常以为祇园祭只有七月十七日那天才有彩车巡行。因此，他们至多在十六日的夜里赶来看前夜祭。

事实上，祇园祭的法事要做上整整一个七月。

七月一日，各街道分别开始举行彩车巡行、“画吉符”和奏乐等。

载有童子、饰有长刀的那一辆彩车，每年照例走在巡行的前列。至于其他彩车的顺序，则于七月二日或三日，由市长主持抽签仪式来定。

七月十日，“洗御舆[1]”也许就是祭祀的正式开始。御舆在鸭川的四条大桥上清洗。说是清洗，也只是神官用杨桐树枝蘸着水，洒在“御舆”上而已。

---

1 御舆为神轿或御轿，是祭祀时抬神体或神灵的轿子，一般为黑漆，轿顶放置凤凰等物。洗御舆是清洗神轿的仪式，以京都八坂神社的最为有名。

十一日，童子参拜祇园神社。他们在长刀彩车上骑着马，戴着黑漆帽，穿着古代礼服，有侍从随后，前去领受五位[1]之职。高于五位的，称为殿上人[2]。

从前有神佛参加时，童子两侧的侍从要扮成观音菩萨和势至菩萨。童子被授予神位，象征他们已与神举行婚礼。

“干吗搞得那么怪模怪样的？我是个男孩子呀！”水木真一小时候扮演童子的时候，曾经这样抱怨。

另外，童子要吃“特别灶”。也就是说，为了洁净，他们吃的东西不能和家属共火同烧。不过，现在这个规矩已经从简了。童子吃的东西，只要用火镰打上两下就可以。据说若是家人疏忽了，童子便会主动催促：“打火镰，打火镰。”

总之，童子的巡行并不是一天就能完成的，远非那么简单。事后，他们还要到彩车街一一道谢。全部祭祀与童子的活动几乎要忙上一个月。

比起七月十七日的彩车巡行，京都人更愿意领略十六日前夜祭的情趣。

祇园祭的正日即将到来。

---

1 即五品，古时候允许进入金殿的最低官阶，可分正五品和从五品。

2 殿上人，日本古时候获准可进入宫中清凉殿的人。

千重子家也把店铺外的格子门卸下来，正忙着准备过节。

京都姑娘千重子，家里是靠近四条街的批发商，祖上入祀于八坂神社，因此对每年举办的祇园祭并不觉得稀罕。这是京都炎热夏天的节日。

最令她怀念的是坐在彩车上真一那童子的形象。每逢节日，听到祇园的喧闹声，或是看见彩车周围灯笼的亮光，真一的模样便会历历在目。那时真一和千重子都还只是七八岁的孩子。

“即便是女孩子，也没见过那么漂亮的。”

真一到祇园神社领受五位之职时，千重子也跟着进去了。彩车巡行街区的时候，她也跟在后面转悠。扮成童子的真一，带着两个留着刘海头的侍从，到千重子家的店铺道谢。

“千重子，千重子！”被真一喊叫的时候，千重子满脸通红地凝视着他。真一化了妆，抹了口红，而千重子则是一张被太阳晒红了的素颜。那时，她身穿一件铁丹红格子的单衣，系一条三尺长的扎染红腰带。她放倒坐凳，靠在格子门上，正与邻居家的孩子在玩线香焰火。

此刻，在鼓乐声中，在彩车的灯下，千重子又依稀见到了当年童子打扮的真一。

“千重子，你不去前夜祭看看吗？”晚饭后，母亲对她说。

“那您呢？”

“有客人来，妈走不开呀。”

千重子一出家门就加快了脚步。四条街上人山人海，挤得人动弹不了。

四条街上哪些地方有哪些彩车，哪条胡同又有什么样的彩车，千重子是再清楚不过了。她在四周转了一圈。处处热闹非凡，不时传来各种彩车的鼓乐声。

千重子走到神轿停放点买了一支蜡烛，点上火供在神前。在节日期间，八坂神社的神都被迎到神轿停放点。停放点位于从新京极去往四条街的南边。

在神轿停放点前，千重子见到了一位姑娘在“拜七拜”，虽然只是看到她的背影，但一看就能明白她在做什么。所谓拜七拜，是在距离神轿停放点几步远的地方走上去拜一拜，再退回原处拜一拜，这样反复做上七次。其间遇上熟人，也不能开口招呼。

“哎？”千重子觉得那姑娘脸熟，也不禁跟着做起了拜七拜。

姑娘往西走到神轿前再折回，千重子正相反，往东走后折返。然而，姑娘比千重子来得虔诚，祷告时间也更长。

姑娘已拜完了七次。千重子不像那姑娘离神轿那么远，所以与她几乎是同时拜完的。

姑娘紧紧盯住了千重子。

“你在祈祷什么呢？”千重子问道。

“你都看到了？”姑娘的声音颤抖了，“我想知道姐姐的下落……你就是我的姐姐。神佛让我们相遇了。”姑娘已是泪水盈眶。

不错，她正是那位北山杉村子里的姑娘。

神轿前挂满了敬献的灯笼，前来朝拜的人还在前面点亮了蜡烛。神前一片光明。姑娘满脸是泪，灯火投在她的脸上，闪闪发亮。

千重子凭借坚强的意志，强忍住泪水。

“我是独生女，没有姐妹。”但她的脸色却是煞白的。

北山杉村子里的姑娘抽抽搭搭地哭了。

“我知道。小姐，请你原谅，原谅我吧。”她反复说道，“因为我从小就惦记着姐姐，所以认错了人……”

“……”

“听说我俩是双胞胎，也不知道究竟她是姐姐还是妹妹……”

“人和人也有长得十分相像的。”

姑娘点点头，眼泪顺着脸颊流淌下来。她掏出手帕，边擦边问：“小姐在哪儿出生的？”

“就在附近的批发商街。”

“是吗，小姐求神保佑什么？”

“保佑父母亲幸福、健康。”

“……”

“你的父亲呢？”千重子问道。

“早就离世了……有一次为北山杉剪枝，他从一棵树跳向另一棵树上时失足掉落，摔坏了……那是村里人告诉我的。当时我刚刚出生，什么也不知道。”

千重子的心被触痛了。

——我常常想去那个村子，想看挺拔美丽的北山杉，莫非是父亲的灵魂在召唤？

这位山村姑娘说，她有个孪生姐妹。她的亲生父亲，会不会在树上想起了千重子这个被抛弃的女儿，才一不留神从树上掉下来？肯定是这样的。

千重子的前额渗出了冷汗。四条街上杂乱的脚步声、祇园喧闹的鼓乐声，仿佛都消失在了远处。眼前一片昏暗。

山村姑娘把手搭在千重子的肩上，用手帕为她擦拭额头。

“谢谢！”千重子接过手帕，擦了擦脸，不知不觉地将手帕掖进了怀里。

“你母亲呢？”千重子小声问道。

“母亲也……”姑娘支支吾吾地说，“我生在母亲的娘家，在一个深山坳里，比北山杉村还要偏远。母亲也不在了……”

千重子没有再问下去。

北山杉村来的姑娘，当然流下了幸福的泪水。她停止流泪时，脸上顿显光彩照人。

相比之下，倒是千重子伫立着一动不动，心绪纷乱，两腿发颤。她一时无法平静。唯一能够扶持她的，似乎是那姑娘健美的身躯。千重子不像山村姑娘那么率真地露出喜悦之情，她的眼睛里含着忧虑的神色。

千重子犹豫不决，不知接下来该怎么办。

这时，姑娘叫了声“小姐”，伸出了右手。千重子握住那只手。手上的皮很厚、很粗，完全不同于千重子柔嫩的手。但姑娘好像并不在乎，紧紧地握着。

“小姐，再见！”

“怎么啦？”

“啊，真是高兴……”

“你叫什么名字？”

“苗子。”

“苗子？我叫千重子。”

“我在做工。那是个小村子，一说苗子，就能找到。”

千重子点点头。

“小姐，你看上去挺幸福。”

“是啊。”

“我发誓，我不会把今晚我们见面的事说出去的。知道这件事的，只有祇园祭的神。”

苗子似乎已意识到，虽说是孪生姐妹，但两人的身份毕竟有别。千重子想到了这点，便什么话也说不出来了。但被抛弃的不正是自己吗？

“再见，小姐。”苗子再一次说，“趁现在没人注意……”

千重子感到一阵心酸。

“我家的店铺就在附近，苗子哪怕从门前走过，也要来一趟啊。”

苗子摇摇头，问道：“家中有几个人啊？”

“家里人？只有父亲和母亲……”

“也不知怎么回事，我总觉得，你是受到父母的宠爱长大的。”

千重子拉住苗子的袖子，说：

“在这儿站得太久了……”

“是的。”

苗子再次向神轿停放点恭敬地拜了拜，千重子也连忙跟着拜起来。

“再见！”苗子第三次说。

“再见！”千重子也说。

“我还有很多话要说，你什么时候到村里来吧。在杉树林中，谁也看不见。”

“谢谢。”

两人不由得穿过人群，朝着四条大桥的方向走去。

入祀八坂神社的居民很多，在前夜祭和十七日的彩车巡行过后，参加庆典的人仍然络绎不绝。家家店铺敞开大门，用屏风加以装饰。之前摆放的是初期浮世绘、狩野派、大和绘或者是宗达的一对屏风。在浮世绘中，有的是南蛮屏风，在古雅的京都风俗里描绘异国的人物，画面大都表现京都当时的商业繁荣，市面兴盛。

如今，这种风俗还保留在彩车上。彩车上饰有进口的中国织锦、法国的葛布兰织锦挂毯、毛织品、金丝花绸缎、仿织锦刺绣，等等。在桃山时代[1]风格的花伞上显示出当时对外贸易的繁盛，颇有一种异国情调之美。

彩车里挂着有名画家的绘画，车的顶端有柱子那样的东西，据说是用来表示朱印船[2]的桅杆。

祇园祭敲打的鼓乐看似节奏单调，一般是“咚咚锵咚锵”，但其实有着二十六套。有人说类似在壬生寺演出的假面哑剧的伴奏，也有人说近似雅乐。

前夜祭时，彩车上挂起成排的灯笼，鼓乐声震天。

四条大桥的东侧没有彩车，但去八坂神社的路上依然是一派热闹非凡的景象。

千重子上了大桥就被人群推来挤去，落后了苗子几步。

“再见。”苗子已经说过了三次，但千重子还是犹豫不决：是在这儿分手，还是走过太记老店，或者走近店门，让苗子知道店铺的位置？她对苗子油然生起了一股亲切之情。

---

1 桃山时代指丰臣秀吉完成日本全国统一的时期，自天正十年（1582）本能寺叛乱至庆长三年（1598）丰臣秀吉死去或者庆长五年（1600）关原战役为止。因丰臣秀吉在桃山建了伏见城，故得名。而16世纪末的该时期的文化，是以城市富商为中心形成的大众文化，其特色为绚丽多姿，亦称安土桃山文化。

2 朱印船，江户初期，领有官方许可证从事海外航行的南洋贸易船。以角仓船、末吉船、末次船等有名。

“小姐，千重子小姐！”苗子刚要过桥，就听到有人跟她打招呼。走到她跟前的是秀男。他把苗子错看成千重子了。“你也来逛前夜祭？就一个人吗……”

苗子不知如何是好，但又不能回头看千重子。

千重子一下躲进了人群之中。

“今晚天气真好……”秀男对苗子说，“明天也会是个好天气，星星那么明亮……”

苗子抬头看看夜空。她不知道该如何回答。当然，她并不认识秀男。

“上一次对令尊太失礼了，那条腰带的花样真好……”秀男对苗子说。

“嗯。”

“令尊后来没生气吗？”

“嗯？”苗子完全不明所以，无从回答。

但她没有用眼睛去寻找千重子。

苗子十分迷惑，心想千重子要是想见这个男子，自然会走过来的。

这个男子脑袋偏大，肩胛宽阔，目光沉静。苗子觉得他不像是个坏人。从他谈起腰带的事来看，他应当是西阵一带的手艺织工。长年坐在高高的织机上，体型多少会变成那个样子。

“我太年轻了，竟对令尊的画稿说了几句多余的话。但经过一晚上的思考，我还是把它织出来了。”秀男说。

“……”

“你系过一次了吗?”

“嗯。”苗子含糊其词地回答。

“怎么样?”

桥上不如大街明亮，而且拥挤的人群不时将两人隔开。尽管如此，苗子还是感到不可思议：他竟会认错人。

一对孪生姐妹，如果生在同一户人家，受到同样的养育，当然难以分辨。可是，千重子和苗子过着的是完全不同的生活，生长的环境也截然不同。苗子心想，眼前这男子或许是个近视眼吧。

“千重子小姐，我可以自己设计，为你精心织一条腰带，作为你二十岁的纪念吗?”

“哦，谢谢了。”苗子吞吞吐吐地说。

“在祇园祭的前夜能遇见小姐，神佛一定会保佑我织好腰带的。”

“……”

苗子在心里思忖：千重子准是不愿意让男子知道我和她是孪生姐妹，所以才不走过来的。

“再见了。”苗子对秀男说。秀男感到有点意外。

“哦，再见。”秀男答道，“您同意我织真是太好了。我一定会在红叶时节之前把它织好……”秀男又确认了一遍，然后离开了。

苗子用目光搜寻了一遍，没有发现千重子。

刚才那位年轻男子和腰带的事，对苗子而言，反正是无所谓的。倒是在神轿停放点与千重子重逢，宛如神佛的呵护，使她倍感喜悦。她手扶栏杆，望着水面上的灯光。

苗子沿着桥边慢慢行走，打算走到四条街尽头处的八坂神社。

来到桥中央，她看到千重子正与两个年轻男子站着说话。

“啊。”她不由得小声叫起来，但没有过去。

苗子是在无意之中看见他们三人的。

本来千重子在想，苗子与秀男站在那儿究竟会说些什么。秀男很明显把苗子错当成了千重子，苗子又会如何应对呢？真是为难了她。

千重子或许应该走到两人身旁，可是没有。不仅没过去，当听到秀男喊“千重子”的时候，她竟抽身躲进了人群。

为什么呢？

在神轿前与苗子的邂逅，千重子心灵上受到的震撼要比苗子强烈得多。因为苗子早就知道自己有个孪生姐妹，一直在寻找姐姐或是妹妹。然而，千重子却是做梦也未想到过的。事出突然，她无法像苗子发现自己那样兴奋，也没有兴奋的余裕。

刚才听苗子说后，她才知道亲生父亲从杉树上摔死，母亲产后早死。这也刺痛了她的心。

过去，她只是听邻居们私下说自己是一个弃儿。她自己也是这样想的。她曾经努力不去想象是什么样的父母抛弃了自己，他们又在何处。即使去想也没有用。何况太吉郎和阿繁对自己那么疼爱，根本无须去想。

在祇园祭的前夜，听苗子说了这些事，对千重子而言未必是什么幸事。但她对苗子这样一个姊妹已经产生了一种温暖的情感。

“她的心灵比我纯洁，又挺能干，身体看上去也相当健美。”千重子在喃喃自语，“有朝一日，说不定还能成为我的依靠呢……”

她茫然地走过四条大桥。

“千重子，千重子！”这时，真一喊住了她，“你一个人走在路上在想些什么哪？脸色也不大好。”

“啊，是真一。”千重子醒悟过来，说道，“真一，那年你扮成彩车上的童子，挺好玩的！”

“当时可难受啦！现在想想倒叫人留恋。”

真一有个同伴。

“他是我哥哥。在读研究生。”

真一的哥哥长得很像弟弟，他莽撞地朝千重子点了点头。

“真一小时候长得胆小、可爱，像女孩子那样漂亮，所以才把他打扮成了童子。挺傻的。”哥哥大声笑着说。

走到桥中央时，千重子看了看真一哥哥那张健康的脸。

真一说：“千重子，你的脸色有点苍白，好像特别伤心似的。”

“也许是大桥中央灯光照射的关系吧。”千重子说着，用力地跺了跺脚，“再说，节日的前夜，游人众多，个个兴高采烈的，我孤零零的一个女孩子看上去显得伤感，这又没什么好奇怪的。”

“那可不行！”真一把千重子推向栏杆边，“在这儿靠着歇会儿吧。”

“谢谢。”

“河上没有什么风……”

千重子把手放在额头上，闭上了眼睛。

“真一，你扮童子坐在彩车上时，几岁了啊？”

“嗯，该有七岁了吧，记得是上小学前的一年……”

千重子点了点头，不再吭声。她想擦擦额头和脖颈上的冷汗，便把手伸进怀里，摸到了苗子的手帕。

“呀！”

手帕上沾有苗子的泪水。千重子握着手帕，犹豫着要不要把它掏出来。她把手帕揉作一团，擦了擦额头，几乎要淌下泪水。

真一觉得诧异。他了解，把手帕揉成一团塞进怀里可不是千重子的习惯。

“千重子，你觉得热还是冷？要是热感冒，可不容易好，快回家去吧……我们送送你。好吗，哥哥？”

真一的哥哥点了点头。他始终目不转睛地注视着千重子。

“家很近，不必送了……”

“很近的话，就更得送了。”真一的哥哥说得很坚定。

三个人从桥中央往回走。

“真一，你扮童子坐彩车巡行时，我一直跟在后面走，你记得吗？”千重子问。

“记得，我记得。”真一回答。

“那时还挺小的。”

“可不是嘛。做童子不能够东张西望，但我能感觉到有个小女孩一路跟着走来。我心想，她这样挺累的吧？人群又那么拥挤……”

“再也无法变得那么小了。”

“你在说些什么呀？”真一一边在闪烁其词，一边在心里嘀咕：今晚的千重子是怎么啦？

送千重子回到店铺，真一的哥哥向她父母恭敬地寒暄了一番，真一则躲在哥哥的身后。

太吉郎在后客厅里与一位客人喝过节酒。他没有喝多少，只是作陪罢了。阿繁在一旁侍候，一会儿站，一会儿坐。

“我回来了。”千重子说。

“你回来啦。这么快！”母亲说着，便察看女儿的神色。

千重子对客人恭敬地行过礼，然后说：

“妈妈，我回来晚了，没给您帮上忙……”

“没关系，没关系。”阿繁用眼神示意，然后与千重子一起去了厨房，让她去拿烫好的酒。

“千重子，他们大概是看你不舒服才送你回来的吧？”母亲说。

“嗯。真一和他的哥哥一定要送……”

“就是嘛。你脸色不好，走路也摇摇晃晃的。”阿繁摸摸千重子的额头，“倒没有发烧，瞧你那伤心的样子。今晚有客人，你就和妈一起睡吧。”说着，她温柔地搂住千重子的肩膀。

千重子强忍住马上就要滚落的泪水。

“你上楼到房间先休息吧！”

“好的，妈……”见母亲如此慈爱，千重子的心情释然了。

“你爸爸也真是，客人少，嫌冷清呢。吃晚饭时倒有五六个人……”

千重子端着酒壶送去。

“已经喝得够多了，再来一点儿就行。”

千重子斟酒的手在颤抖，她用左手扶住酒壶，但仍在颤抖。

今天晚上，中庭里那盏雕有基督像的灯笼亮了，隐约可见老枫树洼眼里的两棵紫花地丁。

花已凋落了。上下两株弱小的紫花地丁，不正是千重子和苗子吗？两株植物似乎各占一方无法相遇，但今晚不就相遇了吗？千重子望着灯光微暗中的两株紫花地丁，不禁又泪水欲滴。

太吉郎也发现千重子像是有心事，不时地瞅瞅她。

千重子悄悄起身，上到二楼。客房里已经铺好了客人的睡铺。她从壁橱里拿出自己的枕头，钻进了被窝。

为了不让别人听到自己的饮泣声，她把脸埋进枕头，双手抓住枕头的两侧。

阿繁走进屋，见千重子的枕头已湿了一片，就说：

“你等等，我去去就来。”她拿来一只新枕头，马上又下楼去了。她在楼梯上稍作停顿，回头看了看，但什么也没说。

地板上本可以铺上三副睡铺，但只铺了两副。其中一个是千重子的，看来母亲原本就打算和女儿一起睡。

铺尾叠放着两条夏天盖的麻布被，母亲和千重子各一条。

阿繁没有铺自己的被子，只铺了女儿的。这本算不上什么事，却使千重子体会到母亲的心意。

于是，千重子止住了泪水，心情平和下来。

“我就是这个家的孩子。”

千重子突然遇见苗子，心绪难免纷乱，一时难以抑制。

她来到梳妆台前，端详自己的面容。她想补妆掩饰，但又作罢，便拿来香水瓶往床上洒了几滴。然后，她把身上的窄腰带重新系好。

当然，她一时无法入睡。

“刚才对苗子是否太冷淡了些？”

她一闭上眼，便看到中川村那美丽的杉山。

从苗子说的话里，千重子对亲生父母的情况有了大致的了解。

“回头是告诉爸妈，还是不告诉的好呢？”

恐怕这对批发店的老夫妇也不知道千重子生在哪儿，更不知道她亲生父母的下落。想到自己的亲生父母“已经都不在人世了……”，千重子倒没有再流泪。

街上传来了祇园的鼓乐声。

楼下的客人，好像是近江长滨一带的绉绸店老板。酒过几巡，他的嗓门儿也大了。千重子即便睡在二楼，也能断断续续地听到。

客人喋喋不休地讲着彩车的通行路线：从四条街出发，经过宽阔的近代化的河原街，绕过疏散用的御池大街，到达市政府。为了“观光”，还在市政府前面搭建了观礼台。

从前，当彩车队伍经过京都狭窄的街道时，虽然会碰坏房屋，但颇有情趣，可以问二楼的房客讨要粽子。如今则变成了撒粽子。

四条街倒还能全部看到，但拐进狭窄的马路后，彩车的脚就不大看得见了。这样反倒更好。

太吉郎心平气和地辩解说，在宽阔的大街上见到彩车的全貌，那才叫美呢！

现在千重子躺在床上，仿佛还能听到彩车的大木轮子正碾过十字路口的声音。

客人今晚似乎要在隔壁房间留宿。千重子打算到明天再把见到苗子时听到的一切告诉父母。

听说北山杉林都是私人经营的，但并不是每户人家都有山有林。有山林的，只有少数的人家。千重子心想，自己的亲生父母大概是给别人当雇工的吧。

“我在做工……”苗子自己也说。

二十年前，父母亲生下双胞胎，或许觉得羞耻，又听说双胞胎难养，再考虑到生活的艰辛，才把千重子舍弃的吧。

——有三件事，千重子忘了向苗子打听。弃婴发生在襁褓时期，被抛弃的为什么不是苗子，而是千重子？父亲是什么时候从树上摔下来的？虽然苗子说过是在她“刚出生”的时候……还有，苗子说她“生在母亲的娘家，在一个深山坳里，比北山杉村还要偏远”，那是什么地方呢？

苗子觉得自己与被抛弃的千重子“身份有别”，因此是绝不可能来找千重子的。她如果有什么话想同苗子说，就只能到她干活儿的地方去找她了。

不过，千重子又不能瞒着父母亲去找苗子。

千重子读过多遍大佛次郎[1]的名篇《京都的诱惑》。此刻，她脑海中忽然浮现出这样一节：

> 北山上用作圆杉木的杉树林，树梢青翠，重重叠叠，宛若云层。而红松呢，树干纤细，线条鲜明，丛立于崇山之间，传来音乐般连绵的林涛……

重山叠嶂间连绵的音乐、树林的歌声，远远压过了节日的鼓乐和喧闹，奔向千重子的心间。她宛如穿过北山多见的彩虹，听见了那音乐和歌声……

千重子的悲哀淡了。或许本来就不是什么悲哀，而是突然遇见苗子后产生的惊愕、迷茫和困惑。抑或是女孩子天生就爱流泪吗？

千重子翻了翻身，闭上眼睛，倾听那山的歌声。

“苗子那么开心，而我呢？”

过了一会儿，父母和客人一起上楼来了。

---

1 大佛次郎（1897—1973），日本小说家。原名野尻清彦。受西方文化熏陶，在历史小说创作方面开辟了新领域。1964 年获得文化勋章。代表作有《鞍马天狗》《归乡》等。

“请好好休息。”父亲对客人说。

母亲叠好客人脱下的衣物，走进房间，正想叠父亲脱下的衣服，千重子说：

“妈。让我来吧。”

“你还没睡？”母亲让千重子去叠衣服，自己躺下了。

“好香啊。到底是年轻人。”母亲爽朗地说。

近江的客人因为喝了酒，鼾声很快透过纸槅门传来了。

“阿繁。”太吉郎喊了一声睡在隔壁铺上的妻子，“有田先生说，要把他儿子送到店里来。”

“是当我们的店员……职员吗？”

“是当养子，做上门女婿……”

“别说了，千重子还没睡着呢。”阿繁制止道。

“我知道。千重子听听也好。”

“……”

“他是家里的老二，曾经被差来过几次。”

“我不大喜欢有田那个人。”阿繁的声音压得很轻，语气却很坚决。

千重子耳畔山林的音乐消失了。

“你说呢，千重子？”母亲朝女儿这边转过身。千重子睁着眼睛，沉默了一阵。她交叉起双脚尖，一动不动。

“我猜，有田先生看中的是我们的店铺吧。”太吉郎说，“再说，他又知道千重子漂亮，是个好姑娘……虽然是我们的主顾，但对店铺的生意情况十分清楚，看来我们的店员中有人向他透露了详情。”

“……”

“不管千重子长得多漂亮，也不能因为生意就让她结婚。这种事我想都没想过。你说呢，阿繁？这样做是对不起神灵的。”

“就是嘛。”阿繁说。

“我这个人的秉性真不适合做生意。”

“爸爸，我让您把保罗·克利的画册拿去嵯峨的尼姑庵，真是不应该。”千重子撑起身子，向父亲道歉。

“哪里的话，那也是爸爸的兴趣和慰藉。这样，我的生活才有意义。”父亲轻轻点了点头，“尽管我并不具备设计出好画稿的才能……”

“爸爸！”

“千重子，要不我们将这间批发店转售出去，到幽静的南禅寺或冈崎一带，当然西阵也行，去租间小房子。我们父女俩一块儿去设计和服和腰带的图案，你觉得如何？不过，你能忍受贫穷吗？”

“穷不可怕。我一点儿也不在乎……”

“是吗?”父亲说完不久就睡着了。千重子却无法入睡。

第二天，她却早早醒来，打扫店铺前的街道，擦拭格子门窗与坐榻。

祇园祭仍在进行。

十八日后是入山伐木[1]节；二十三日是后祭前夜与屏风节；二十四日是彩车巡行；然后是祭祀神佛演出的狂言[2]剧；二十八日为清洗御舆，回八坂神社；二十九日为上奏神事已毕的奉告祭。

有多台彩车会经过寺町。

千重子心事重重，不得清净，度过了前后整整一个月的节日。

1 入山伐木即首次进山，初次砍伐。日本民间在每年正月的2、3日有进山伐木的习俗，所伐木材多用于制作灯节的手工艺品及装饰品。此处指后一次入山砍伐。

2 狂言，也叫能狂言。日本传统表演艺术的一种。以台词为主的滑稽剧，插在能乐幕间演出。

秋 色

明治时代倡导的“文明开化”所保留下来的陈迹之一，沿堀川行驶的北野线电车，现在终于要被取消了。这是日本最古老的电车。

这是人们广为知晓的：千年的古都很早就汲取了西方的新生事物。原来京都人还有这样的一面。

然而，这种老态龙钟的“叮叮当当”的有轨电车能行驶到今日，或许正好可以看出古都的特色。它的车身很小，乘客面对面坐几乎会触碰到彼此的膝盖。

但是，一旦被取消，又不免令人感到留恋。所以，人们把电车用人造花装饰成“花电车”，请那些按照明治时代风俗装扮起来的乘客坐在车上，以此把这消息向市民们广而告之。于是，这似乎也成了一个“节日”。

连续好几天，人们没事就来乘一下，挤满了这辆古老的电车。正逢七月的炎热天，有人还撑着阳伞。

京都的夏天比东京要来得炎热。如今在东京，已经看不到撑着阳伞走路的人了。

在京都站前，太吉郎正要登上那辆花电车，有一位中年妇女故意躲在他的身后，一副忍着笑的样子。说起来，太吉郎倒也算得上是明治时代的老资格了。

上了电车，太吉郎才发现这个女人，怪不好意思地说：

“是你呀！你好像还不够明治时代的资格吧！”

“也接近明治了。再说，我家就住在北野线旁。”

“哦，这倒也是。”太吉郎说。

“什么这倒也是嘛，您这人真是薄情……还没有想起来吗？”

“还带着一个可爱的孩子……你躲到哪儿去了？”

“别说傻话……明明知道那不是我的孩子。”

“哎哎，我可不知道。你们女人……”

“瞧您说的，你们男人才那样呢。”

女人带着的那个女孩，长得很白皙，也很可爱，有十四五岁的样子。和服外面系了一条红色的窄腰带。女孩子十分羞涩，尽量躲开太吉郎，靠着女人坐下来，抿起嘴一声不吭。

太吉郎轻轻地拉了一下女人的衣袖。

“阿千姑娘，往中间坐坐。”女人说。

三个人缄默了好一阵子。女人隔着女孩的脑袋，凑近太吉郎耳边说：

“我总想，要是让这孩子到祇园去当舞伎，准能走红。”

“这是谁家的孩子？”

“附近茶馆老板的。”

“嗯。”

“有人认为那是您与我的孩子。”女人用几乎听不见的声音喃喃着。

“胡说些什么呀。”

这女人是上七轩茶馆的老板娘。

“我们要去北野天神神社。这孩子拉上我……”

太吉郎知道老板娘在开玩笑，就问女孩：

“你几岁啦？”

“中学一年级。”

“嗯。”太吉郎端详着女孩，对老板娘说，“到了来生转世，再拜托你吧。”

姑娘生长在花街柳巷，好像听懂了太吉郎所说的俏皮话。

“有什么事非得让这孩子拉上你去天神神社呀？难道她是天神下凡吗？”太吉郎调侃老板娘。

“正是，正是。”

“天神可是男身哟……”

“是他转世成女孩了。”老板娘一本正经地说，“要是个男的，就可能遭到发配，受苦呀!”

太吉郎扑哧一声笑起来：“要是个女的呢?”

“要是个女的……对了，她就会有个如意郎君，备受疼爱的。”

“嗯。”

这女孩长得相当标致，额前的刘海又黑又亮。那带双眼皮的眼睛真是美极了。

“是独生女吗?”太吉郎问。

“不是，还有两个姐姐。大姐明年春天中学毕业后，或许会去工作。”

“也像这孩子一样标致吗?”

“像是像，可没她这么漂亮。”

“……”

上七轩，现在连一个舞伎也没有。就是要当舞伎，也必须中学毕业后才行。

顾名思义，上七轩大概是指原先在这儿的七家茶馆。太吉郎好像在什么地方听说过，现在已经增加到二十家左右了。

从前，当然也并不十分久远，太吉郎常常陪着西阵的织工和外地的老主顾到上七轩一带游玩。当时女人的面影不禁浮现在眼前。那时，太吉郎的店铺生意还相当兴盛。

“老板娘雅兴不错啊，还来坐这种电车……”太吉郎说。

“人最要紧的就是念旧啊。”老板娘说，“做我们这行的，就是别忘了老主顾……”

“……”

“正巧今天送客人到火车站，回去乘这趟车又是顺路……倒是佐田先生让人奇怪，独自一人来乘这电车……”

“可不是嘛……其实这花电车，看看也就够了。”太吉郎歪着头沉吟片刻，“也不知道是从前太让人留恋呢，还是如今实在寂寞。”

“要说寂寞，您还不到年纪。我们一起走吧，去看看年轻姑娘……”

太吉郎居然被女人带去了上七轩。

老板娘径直向北野神社的神佛前走去，太吉郎紧随其后。老板娘恭敬地祈祷许久，女孩也始终低着头。

老板娘回到太吉郎身边，说：

“该让阿千姑娘回去了，您多包涵。”

“嗯。”

“阿千，你回去吧。”

“我告辞了。”姑娘向两人道别后就走了。她越是走远，那走路的姿势便越像中学生。

“您好像对这孩子还挺满意的嘛。”老板娘说，“她再过两三年就可以出道了，您就好好期待吧……现在这姑娘就挺懂事，长得又漂亮。”

太吉郎没有回答。他想，既然已经来到这儿，就到神社宽广的院子里转转吧。但天气太热了。

“不如到你们茶店休息一下？我有点儿累了。”

“好呀，好呀。我前面就这么想来着。您也好久没来过了呢。”老板娘说。

进了那家古老的茶馆，老板娘便郑重其事地说：

“欢迎您的到来。真是久违了。我们总在念叨您。”接着又说：“您躺一躺吧，我去拿个枕头。对了，刚才您还说寂寞得很，我去叫个老实的来陪您聊聊……”

“要是以前见过的艺妓，我可不要。”

太吉郎刚要入睡，一个年轻的艺妓便走进屋来。她安安静静地坐了一阵。见是初次见面的客人，心想恐怕挺难伺候的吧。太吉郎睡意蒙眬，完全打不起交谈的精神。或许为了引起他的兴趣，艺妓说她下海这两年来，共喜欢过四十七个客人。

“正好与赤穗义士[1]一样多。其中也有人已经四五十岁了，现在想想也挺滑稽的……一个个都闹单相思了，真让人好笑……”

太吉郎这才完全清醒过来。

“那现在呢？”

“现在只有一人。”

这时候，老板娘走进了客厅。

这艺妓只有二十岁左右，泛泛交往的男人已有“四十七”人，太吉郎怀疑她是否真的能记得那么准确。

她当艺妓的第三天，领一个讨厌的客人上厕所，冷不防被他亲了一口。艺妓便咬住了他的舌头。

“出血了吗？”

“嗯，出血了。客人很生气，要索赔治疗费。我呢，就哭，折腾了一阵子。那家伙也是自作自受。现在那人叫个什么，我全忘记了。”

“嗯。”太吉郎注视着艺妓的面孔想，就这么个细腰削肩、性格温柔的京都美人，当时不过十八九岁，怎么会突然狠心咬人了呢？

---

1 日本元禄十五年（1702）十二月二十四日，原赤穗藩的四十七名家臣攻入江户本所吉良上野介宅邸，为诸君浅野长矩复仇。史称四十七士。歌舞伎《忠臣藏》描写的就是这段史实。

“让我看看你的牙齿。”太吉郎对年轻的艺妓说。

“牙齿？我的牙齿吗？我说话的时候，您不已经看见了吗？”

“我再仔细瞧瞧，不碍事的。”

“不要嘛，多难为情啊。”艺妓抿着嘴说，“您可真坏，都叫人没法开口了。”

艺妓的樱桃小嘴里露出洁白的小牙齿。太吉郎调侃道：“莫非你咬断了牙齿，镶上假牙了？”

“舌头是软的呀。”艺妓一不留神说漏了嘴，“真要不得，我不说了……”她把脸藏到了老板娘的背后。

过了一阵，太吉郎对老板娘说：

“既然到了这里，就顺便到中里去看看吧。”

“哦……他们会高兴的。我陪您去好吗？”老板娘起身，走到梳妆台前坐下，像是要匀匀脸。

中里家的门面还是老样子，客厅倒是布置一新。

又叫来一名艺妓，太吉郎在中里一直待到晚饭过后。

——秀男来到太吉郎的店铺，正好是他不在家时。说是要见小姐，于是千重子便来到前面的店堂。

“祇园祭期间，您答应我为您设计腰带画稿，现在我把画好的拿来了，请您过目。”秀男说。

“千重子。”母亲阿繁招呼，“请进里屋谈吧。”

“是。”

在看得见中庭的房间里，秀男打开画稿给千重子看。一共有两幅，一幅是菊花配着绿叶，叶子几乎看不出来，形状相当别致。另一幅是红叶。

“好极了。”千重子看得入了迷。

“只要小姐满意，我就比什么都高兴……”秀男说，“请小姐决定织哪一幅吧。”

“是呀，若是菊花，那么一年当中都可以系。”

“那就织菊花这幅吧？”

“……”

千重子低着头，神情忧郁。

“两幅画稿都很好……”她吞吞吐吐地说，“不过，能不能织成山上的青杉和红松？”

“山上的青杉和红松？可能有点难度，让我想想。”秀男诧异地看着千重子的脸。

“秀男先生，这事还得请您原谅……”

“原谅，这从何……”

“这……”千重子不知如何开口，“祇园祭前夜，在四条大桥上，您说好要给我织腰带，其实那人不是我。您认错人了。”

秀男难以相信得说不出话来，现出一副沮丧的神情。正是为了千重子，他才呕心沥血地设计出了这两幅图案。难道这是千重子在委婉地拒绝自己吗？

但千重子的措辞和态度，多少有点叫人费解。此刻，秀男激动的心绪才多少平静一些。

“我见到的是小姐的幻影吗？我是在与千重子的幻影说话吗？祇园祭上竟然出现了幻影？”秀男倒没有说是他“意中人”的幻影。

千重子紧绷着脸说：

“当时，与秀男先生说话的是我的妹妹。”

“……”

“是我妹妹。”

“……”

“那天晚上，我也是第一次遇见她。”

“……”

“关于这妹妹的事，我连父母都还没告诉呢。”

“什么？”秀男大吃一惊，完全糊涂了。

“那个出产北山圆木的村子，您知道吗？那姑娘就在那儿干活儿。”

“嗯？”

太出乎意料了，他一句话也说不出来。

“中川村您知道吗？”千重子说。

“嗯，我乘公共汽车打那儿经过……”

“请您给她织一条腰带吧。”

“嗯？”

“您就给她织吧。”

“嗯。”秀男还是带有一点疑虑地点点头，“所以，刚才您要求织青杉和红松的图案？”

千重子点点头。

“好吧。不过，那图案与她的生活过于贴近了吧？”

“那就要看您的设计思考了。”

“……”

“她一辈子都会珍爱它的。妹妹叫苗子，虽不是有山林产业的人家的姑娘，但很能干。比起我来，她要坚强得多……”

秀男还是觉得疑惑，不过他说：

“因为小姐请我织，我一定会把它织好。”

“我再说一遍，那姑娘叫作苗子。”

“知道了。可是，她怎么会与千重子小姐这么像呢？”

“我们是姐妹呀！”

“再怎么是姐妹也……”

千重子还不便告诉秀男，她们其实是孪生姐妹。

在夏季的节日，人们的穿着本来就轻便，夜间灯光又不明亮，但秀男把苗子错看成千重子，或许还真不是因为看花了眼。

雅致的格子门外，另有一道木格栅栏，两者的中间放有坐榻，店堂的进深很长——如今看来，这种格局好似很久以前遗留的。但毕竟是京都老字号的绸缎批发店，作为这样一家批发商的女儿，与一个在北山杉村里打工的姑娘，怎么会是姐妹呢？秀男觉得不可思议，却又不便深入打听。

“腰带织好后送到府上好吗？”秀男问。

“这个嘛……”千重子稍作思忖，“能不能请您直接送给苗子呢？”

“当然可以。”

“那就这么办吧。”千重子的嘱托里似乎别有深意，“就是路途稍远些……”

“路倒不远。”

“不知道苗子该有多高兴。”

“她会收下吗？”秀男的顾虑也不无道理，苗子大概会感到意外吧。

“我会事先跟苗子说好的。”

“是吗？那就好……我一定会送到的。她住在哪户人家？”

千重子也不知道。“苗子住的地方吗？”

“是的。”

“我会打电话或写信告诉你。”

“是吗？”秀男说，“虽说有两位千重子小姐，不过我还是把它当作小姐的腰带用心织好，然后亲自送去。”

“太感谢了。”千重子低头致谢，“那就拜托了。您心里觉得奇怪吗？”

“……”

“秀男先生，您要织的腰带不是给我的，而是请您帮我为苗子织的。”

“嗯，我知道了。”

秀男走出店门时，仍然不得其解。但是，他的脑海里已经开始琢磨腰带的图案了。若是山上的红松和青杉，不做大胆的创新，拿给千重子用，就会显得太朴素了。秀男还是把腰带当作千重子的东西来织。换言之，要是作为苗子的腰带，那就绝不能与她的劳动生活过于接近，就像他与千重子说的那样。

在四条大桥上，自己遇到的不知该叫作“千重子的苗子”，还是“苗子的千重子”。他想去四条大桥上走走，便朝桥上迈去。白昼的阳光相当灼热。他站在桥上，倚着栏杆闭上眼睛，竭力排除人群的嘈杂和电车的轰响，只想倾听那几乎听不见的流水声。

千重子今年没有去看“大字形”篝火[1]。母亲阿繁倒难得与父亲一起外出了，千重子便一个人留下看家。

父亲他们与附近两三家熟悉的批发店，在木屋町二条下一家茶馆包了一个房间。

八月十六日的“大字形”篝火，是盂兰盆会为了超度祖先的亡灵而点燃的。从前，到了那一天的夜间，人们把松明火抛向空中，表示送人间游魂回归冥府。在山上点篝火，据说就是沿袭了这一风俗。

实际上，点篝火的共有五座山。东山如意岳上点的才是“大字形”篝火。靠近金阁寺的大北山上的是“左大字形”篝火。松崎山上的是“妙法”篝火。西茂贺的明见山的是“船型”篝火。上嵯峨山那儿的叫作“牌坊”篝火。这五山篝火，当天晚上会依次点燃，大约燃烧四十分钟。

---

1 “大字形”篝火，指每年的 8 月 16 日晚，在京都市东山的如意岳（海拔 466 米）半山腰点燃的“大字形”篝火。日本盂兰盆会的例行活动之一。

期间，市内的霓虹灯和广告灯全部熄灭。

篝火点燃后，千重子在那一片山色和夜色中感受到了初秋的景象。

比“大字形”篝火早半个月的，是立秋前夜下鸭神社里的越夏神事。

以前为了看“左大字形”篝火，千重子常常约上几个朋友登上加茂川的河堤。

虽然从小就看惯了“大字形”篝火，但她心中总还会惦记着：“今年的‘大字形’篝火也……”人到妙龄便愈加多愁善感了。

千重子走到店门口，与邻居的孩子们围着坐榻玩耍。小孩子对“大字形”篝火不大在意，倒是对放焰火更感兴趣。

可是，今年夏天的盂兰盆会，千重子增添了新的忧伤，因为她在祇园祭上遇见苗子，从她那里听到了亲生父母早就过世的情况。

“对了，明天去见苗子吧。”千重子思忖，“顺便说一下秀男织腰带的事情……”

次日下午，千重子换上了素净的衣服外出。——她还没有在白天见过苗子呢。

在菩提瀑那一站，千重子下了公共汽车。

北山村已到了繁忙的季节。男人们在忙着剥杉树皮，树皮堆得高高的，四周还散落着不少。

千重子有点踟蹰，刚迈出几步，就见苗子一阵风似的跑了过来。

“小姐，你来真是太好啦。真的，真的太好了……”

千重子看到苗子一身干活儿的打扮，问道：

“不碍事吗？”

“不碍事。我今天请了假，因为我看见千重子小姐来了……”苗子气喘吁吁地说，“我们上杉林里去说，那儿谁也看不见。”说着，她便扯着千重子的衣袖走去。

苗子急切地解下围裙，铺在地上。丹波土布做的围裙很大，可以围到腰后，足够姐妹俩并排坐下。

“请坐吧。”苗子说。

“谢谢！”

苗子摘下包头的手巾，用手指拢了拢头发。

“真的，你来真是太好了。我太高兴了……”她目光炯炯地凝视着千重子。

泥土的气息、树木的清香，这杉山的芳馨特别浓郁。

“到了这儿，下面就看不到我们了。”苗子说。

“我喜欢这片美丽的杉树林，偶尔也来过这儿。不过钻进杉树林，还是第一次啊。”千重子环视四周，杉树差不多都一样粗细，笔直地矗立在她俩身旁。

“这些都是人工培植的杉树。”

“是吗？”

“林子里的树木已经有四十年了，可以砍伐下来做建房的柱子。要是让它们老这样长下去，不知会长到何年，会更粗更高吧？有时候，我就会这么想。但我更喜爱原始森林。可村子里对杉林就像插花一样……”

“……”

“这世上要是没有人类，就不会有京都这座城市。到处皆是原始的森林和杂草丛生的荒原，这里也许就会成为红鹿和野猪的世界。这世上怎么会有人类呢？人，真是可怕呀……”

“苗子，你常会想这些事吗？”千重子感到惊讶。

“嗯，偶尔会想想……”

“苗子讨厌人吗？”

“我最喜欢人……”苗子回答，“再也没有什么会像人那样叫我喜欢了。大地上要是没有人，会成什么模样呢？有时躺在山中一觉醒来，我会忽然产生这种想法……”

“这不正是潜藏在苗子心底的厌世念头吗？”

“我最不喜欢说什么厌世之类的。每天我都会快乐地、快乐地干活儿……不过，人类毕竟……”

“……”

两个姑娘所在的杉树林骤然间昏暗下来。

“要下阵雨了。”苗子说。雨水积在杉树枝头的叶片上，变成大滴的水珠掉落下来。接着，是轰响的雷鸣。

“吓人，太吓人了！”千重子脸色发白，握住了苗子的手。

“千重子，你把腿蜷起来，缩成一团。”说完，苗子伏在千重子身上，几乎把她全遮住了。

雷鸣越来越令人恐惧，闪电和雷击交加，大有山崩地裂之势。

那落雷仿佛就在两个姑娘的头上。

雨点哗啦啦地打在杉树树梢上，闪电的亮光把大地照得一片雪亮，也照亮了两个姑娘身旁的杉树树干。挺拔美丽的树干顿时变得令人恐惧起来。同时，雷鸣又猝不及防地响起。

“苗子，雷向我们劈下来了！”千重子把身子缩得更紧了。

“也许会劈下来，但不会劈到我俩的身上。”苗子用力地说，“怎么会劈到我们身上呢！”

于是，苗子用自己的身子把千重子遮得更严实了。

“小姐，你的头发有点儿淋湿了。”说着，她用手巾把千重子后面的头发擦了擦，再将手巾一折为二，盖在千重子的头上。

“雨点或许会将小姐的衣服淋透，但雷绝不会劈到千重子的头上或身旁。”

性格刚强的千重子听到苗子坚定的声音，多少放下心来。

“谢谢……真的谢谢你。”千重子说，“你遮着我，自己却湿透了。”

“那是干活儿穿的衣服，没事的。”苗子说，“我太高兴了。”

“你腰上发亮的东西是什么呀？”千重子问。

“哎呀，我太大意了。是镰刀。刚才在路边刮树皮，见到你就跑过去，忘了放下镰刀了。”苗子发现镰刀后说，“好险！”她将它扔到远处。那是一把没有木柄的小镰刀。

“回去时再捡。可我不想回去……”

雷声从两人的头上响过后远去了。

千重子完全能感受到苗子用身体庇护自己时的模样。

尽管是夏季，山里一场雷阵雨过后，还是能感到苗子连手指都是冰凉的。可是，她从头到脚地遮挡着千重子，身上的体温在千重子身上扩散开来，深深地沁入身心。这种说不出来的亲密和温暖让千重子幸福地闭上眼睛，一动不动。

“苗子，太感谢你了。”千重子又说，“在母亲的肚子里，你大概也是这样护着我的。”

“我想，那时候准是你推我我踹你的。”

“或许是吧。”千重子笑了，笑声中充满了手足之情。

阵雨与雷声一起过去了。

“苗子，多谢你了……雨也停了。”千重子在苗子的身下动了动，想站起来。

“雨是停了，不过你先别动，再待上一会儿。积在树叶上的雨水还在往下滴呢……”苗子依旧遮住千重子。千重子用手摸了摸苗子的后背。

“瞧你，全给淋湿了，不冷吗？”

“我习惯了，没关系的。”苗子说，“你来，我太高兴了，浑身在发热呢。你也有点淋湿了。”

“苗子，爸爸是在这一带从杉树上摔下来的吗？”千重子问。

“不知道。那时我还只是个婴儿呢。”

“妈妈的老家在哪儿？外公外婆的身体还好吗？”

“我也不知道。”苗子回答。

“你不是在妈妈的故乡长大的吗？”

“你干吗打听这些事呢？”经苗子这么严肃地问，千重子倒被噎住了。

“你没有这些亲戚。”

“……”

“只要你认我这个妹妹，我就很感激了。祇园祭上我真不该多嘴。”

“哪里。我很高兴。”

“我也是……不过，我是不会到小姐的店里去的。”

“你来吧。我会好好招待你的，还要告诉我的父母……”

“千万别说！”苗子强调说，“要是小姐像今天这样遇到难处，我会拼命保护你……你该明白我的意思吧。”

“……”千重子眼睛一热，几乎要流下眼泪来，“苗子呀，前夜祭那天晚上，有人把你当作我，让你为难了吧？”

“哦，是说什么腰带的那一位吧？”

“那个年轻人是西阵织腰带的匠人，人很可靠……他不是说要帮你织一条腰带吗？”

“他把我当成千重子你了。”

“最近，他把腰带的画稿拿给我看了。我就告诉他，那不是我，是我的妹妹。”

“什么？”

“我请他给我妹妹苗子也织一条腰带。”

“给我？”

“你不是答应过他吗？”

“那是他认错人时说的话。”

“我请他给我织一条，也给你织一条，作为我们姐妹相认的纪念……”

“我……”苗子太意外了。

“并不是在祇园祭上你答应过的缘故。”千重子温柔地说。

苗子刚刚还护着千重子的身体，此刻有点儿僵硬，一动也不动了。

“小姐，要是你遇到什么难处，我什么都可以为你去做。可是要我替你接受别人的礼物，我不愿意。”苗子干脆地说，“那太不合情理了。”

“你那不是替我。”

“是替你。”

千重子在想着怎么才能说服她。

“难道我送你，你也不肯收吗？”

“……”

“是我想送给苗子，才叫他帮忙织的。”

“恐怕不是这回事。前夜祭那天晚上，他认错了人，说是要送千重子一条腰带。”苗子又转换话题说，“那位织腰带的工匠钟情你呀。我也是个女孩，很了解。”

千重子忍着羞涩，说：

“要是那样的话，你就不肯收？”

“……”

“我说了，你是我妹妹，特地请他织的……”

“那我就收下吧，小姐。”苗子爽快地让步了，“我净说些没用的话，请原谅。”

“腰带由他送到苗子的家中，你住在哪儿？”

“住在村濑家。”苗子说，“那腰带一定很高档吧，像我这种人有系的机会吗？”

“苗子，谁能够料定一个人的未来呢？”

“是呀，说得对！”苗子点点头，“我倒不是盼着出人头地……这条腰带即使没有系的机会，我也会珍藏的。”

“我们店里不出售腰带，但我可以挑一套与秀男腰带相配的和服送你。”

“……”

“我爸爸有点古怪，最近因为生意上的事情，越来越没精神去经营。像我们这种较杂的批发店，往后也不能只卖高档货，现在市面上化纤织物和毛纺织物也多起来了……”

苗子抬头望着杉树的树梢，从千重子背上直起身子。

“还是有水滴落下来……可这样窝下去你太不舒服了。”

“哪里，多亏你了……”

“小姐，店铺里的事，你能不能帮着照看一点？”

“我吗……”千重子像被击到了痛处，站立起来。

苗子的衣服淋得湿透了，贴在肌肤上。

苗子没有送千重子到车站，与其说是因为衣服淋湿了，不如说是为了避免引人注意。

千重子回到店铺，母亲阿繁正在里间的过道给店员们准备下午的茶点。

“回来啦？”

“妈，我回来了。今天回得晚了……爸爸呢？”

“进了挂有幔帐的那间屋，不知他在琢磨些什么。”母亲凝视着千重子说，“你上哪儿去了？身上的衣服都湿了，皱巴巴的，去换一件吧。”

“嗯。”千重子上到二楼，慢慢更衣，又坐了一阵。下楼后，她看到母亲已经把三点钟用的茶点分发完了。

“妈。”千重子略微颤抖地说，“有一件事想和妈妈一个人说……”

阿繁点点头：“上二楼吧。”

这时，千重子反倒有些紧张了。

“这儿下过雷阵雨吗？”

“雷阵雨？没下过呀，可你要告诉我的，不是下雷阵雨的事情吧？”

“妈，我又去北山杉的村子里了。那儿有一个我的姐妹……也不知道是我的姐姐还是妹妹，与我是双胞胎。在今年的祇园祭上，我们头一次相遇。听她说，我们的亲生父母早就不在人世了。”

对阿繁而言，这当然是完全出乎意料的。她只是凝视着千重子的脸说：“北山杉的村里……嗯？”

“我不能瞒着妈。祇园祭和今天，我们一共只见过两次……”

“还是个女孩呀。现在她在干什么？”

“在村里帮工。一个很好的姑娘。她不肯到我们家来。”

“嗯。”阿繁沉默了一阵，“这事知道了也好，那么千重子你……”

“妈，千重子是妈的孩子。像以往一样，把我当作你们的孩子吧。”她恳切地说。

“那是当然。千重子就是我的孩子，都有二十年了。”

“妈……”千重子把脸伏在母亲的膝盖上。

“其实呀，自祇园祭以来，我就见你时常发愣，以为你喜欢上什么人，还想着要问问你呢。”

“……”

“什么时候带那个姑娘到家里来一次吧？等到店员们下班后，晚上也行。”

千重子在母亲的腿上摇了摇头。

“她不肯来，还管我叫小姐……”

“是吗？”阿繁抚摸着千重子的头发说，“还是告诉妈的好。她长得和你很像吗？”

丹波壶里的金钟儿，开始鸣叫起来。

青松

听说南禅寺[1]附近有座合适的房子要出售，太吉郎便想趁着秋高气爽外出散步时去看看。于是，他带着妻子女儿同去了。

“你打算把它买下来吗？”阿繁问。

“先看看再说。”太吉郎突然不耐烦起来，“价格挺便宜，就是房子不大。”

“……”

“就是散步走走也好嘛。”

“好是好……”

阿繁心中很是不安。买下那座房子，以后从家里到店里不就要上下班了吗？——中京的批发店，现在也像东京银座或是日本桥那样，有越来越多的老板在别处有住处，每天去店里上班了。若是那样，倒也可以。太记老店的生

---

1 南禅寺，位于日本京都市左京区南禅寺福地町。临济宗南禅寺派宗寺院。京都五大临济宗寺院之一。原为龟山太上皇的离宫，正应四年（1291）由无关普门开山。

意日渐萧条，可另买栋小房子的余裕还是有的吧。

但太吉郎是不是想卖掉店铺，从此到那栋小房子里“隐居”呢？趁着手上有宽裕，早点下决心或许更好。可是，住在南禅寺的小居所里，丈夫打算以何为生呢？他也已经年过半百，应该让他自由自在地过日子。卖掉现在的店铺，所得会相当可观。但倘若坐吃利息，不免会有不安之感。要是能请人好好周转这笔资金，当然可以安乐地过日子。不过，在阿繁的心中，一时间还没有这样合适的人选。

母亲虽然没有说出这重重的心事，但是女儿千重子却早已有所察觉。千重子还年轻。她看着母亲，目光里流露出一缕慰藉之情。

相比之下，太吉郎倒显得明朗、快活。

“爸爸，既然到那一带去散步，我们到青莲院[1]绕一下，可以吗？”千重子在车上恳求，“只要在门口经过一下就行……”

“是樟树吧。你想看看樟树吗？”

---

1 青莲院，位于日本京都市东山区粟田口，天台宗门迹寺院（由皇族、贵族出家人担任住持的寺院）。天养元年（1144）由天台住持行玄创建，因有许多皇族入寺，故有粟田寓所的别名。

“是的。”千重子惊讶于父亲的机敏，“是看樟树。”

“去，去吧。”太吉郎说，“爸爸年轻的时候，经常和一些朋友在那棵大樟树的树荫下聊天……但现在故旧星散，谁都不在京都了。”

“……”

“到了那儿，处处都会叫人留恋往事啊。”

千重子任凭父亲驰骋在自己年轻时代的往事中。

“我从学校毕业后，白天还没有见过那儿的樟树呢！”她接着又说，“爸爸，您了解晚上的观光路线吗？参观寺庙，青莲院算一家，公共汽车一进山门，就会有几位僧人提着灯笼出来迎客。”

几位僧人提着灯笼引路。要到庙门，还有相当长的一段甬道。但这正是富有情趣之处。

按照导游指南中所说，青莲院的尼僧会以淡茶招待客人。但他们被带到客厅后，千重子笑着说：“茶倒是会招待，不过那么多人，尼僧端着一只大托盘，上面摆放着很多粗瓷茶碗，他们一放下就马上离开了。”接着她又说：“那些人中或许还混有尼姑，可是动作快得叫人目不暇接……真让人失望，茶也是温吞吞的。”

“那也没办法。要是过于周到，那不是要多花时间吗？”

父亲说。

“是的。这还算好。在那宽敞的庭院里，四面都有照明灯。有僧人站在庭院当中演说着。虽然是在介绍青莲院，但也实在太高谈阔论了。”

“……”

“走进庙堂后，听到不知何处传来悠扬的古琴声。我跟同学们讨论，不知是真有人在弹奏，还是留声机放的……”

“嗯。”

“后来，我们去看了祇园舞女。在歌舞排练场看她们跳了两三段舞。哎哟，那舞女叫什么来着？”

“什么样子的呀？”

“她们的腰带两端下垂着，可是服装太寒酸了。”

“是吗？”

“接着，我们再从祇园到岛原的角屋去看太夫[1]。这花魁身上穿的衣裳倒是货色地道的东西，侍女的打扮也……在百目[2]大蜡烛光的照射下，表演什么喝酒的仪式。然后，她们在大门口的土间，按花魁的步法走了几步，让我们见识

1　太夫，指日本古代的官名，亦指能、净琉璃、歌舞伎的旦角等高级艺人或江户时代官方允许的高级妓女。这里指高级妓女的“花魁”。

2　百目，每支重达 100 文目（日本旧时的重量单位，1 文目约合 3.75 克）。百目蜡烛即日本粗大蜡烛。

见识。”

“唉？能让你们看到这些，已经很不错了。”太吉郎说。

“是啊。青莲院的僧人提灯笼引路，在岛原的角屋看花魁，都是不错的节目。”千重子应道，“这些情况，我记得以前对你们说过……”

“什么时候带妈去看一次，什么角屋啦、花魁啦，我还不曾见过哪。”就在母亲这样说的时候，车子已到达青莲院前了。

千重子为什么想去看樟树呢？是因为上次在植物园的樟树林荫道上散过步？抑或是因为北山杉都是人工种植的，她更喜欢天然野生的大树？

青莲院进口处的石墙边，只有四棵樟树。其中，最前面的应该是最古老的。

千重子一家三人站在那棵老樟树前眺望着，一言不发。只见大樟树的树枝曲曲弯弯，盘缠又舒展，其奇妙的姿态似乎充满着一种可怖的力量。

“差不多了。我们走吧！”太吉郎开始朝南禅寺方向走去。

太吉郎从怀里取出皮夹子，拿出一张前往售空房的路线图。他边看地图边说：

“我说千重子啊，我不大懂，樟树是不是适合长在温暖的南国？像热海和九州就不少。这儿的老樟树感觉就像一个大盆景。”

“京都不就是这样？山岗、河流、人类都……”千重子说。

“是吗？”父亲点了点头说，“不过，人类是一人一个样，未必都这样吧？”

“……”

“不论是现代人还是历史上的古人……”

“说的也是。”

“照你这么说，日本这个国家不也这样吗？”

“……”

千重子琢磨，从大处看，父亲的话也有道理。她说：“不过，爸爸，仔细看一下那盘错的树干，难道您不觉得它有股让人望而生畏的、强劲的生命力吗？”

“说得对。一个年轻的女孩子竟有这样的思考。”父亲回头看了一眼樟树，然后注视着女儿说，“确实像你所说。正像千重子又黑又亮的头发在生长一样……爸爸已经变得迟钝了，老糊涂了。不过你说得很有道理。”

“爸爸。”千重子深情地叫着。

站在南禅寺的山门口，朝院内望去，显得寂寥空旷，不见几个人影。

父亲看了看在售空房的路线图，向左拐去。房子的确很小，可围墙却挺高，院子也挺深。从窄小的院门到屋门，小路两旁长着一排胡枝子，正开着白色的花。

“瞧，多美呀！”太吉郎伫立在门前，入迷地看着白色的胡枝子花。当他看见隔壁那幢大房子已做了饭店兼旅馆的时候，却失去了购买这所小房子的意愿。

然而，那一簇簇的胡枝子白花，还是使他流连忘返。

太吉郎已有一阵子没来过这儿，看到南禅寺一带的大街上很多人家都变成了饭店兼旅馆，令他感到十分惊讶。有些人家的房屋经过翻修，改成了大型旅游团体的住宿处，从外省来的学生们正闹哄哄地往来进出。

“房子好像不错，不过还是不行。”太吉郎站在开着胡枝子花的那家门前，小声嘀咕。

“看这模样，要不了多久，整个京都都要变成旅馆区了，就像高台寺那一带……大阪和京都之间已经成了工业地带，京西一带还有空地，虽然不甚便利，但还可忍受，但那附近不知道会盖起多少稀奇古怪的时髦房子……”太吉郎不无颓丧地说。

太吉郎或许还在留恋那一簇簇的胡枝子白花，刚走了七八步，又独自一人折回去再看。

阿繁和千重子在路边等候。

“那花开得真美啊！难道其中有什么奥秘吗？”太吉郎走回母女俩身边时说，“要是用竹棍支撑一下就好了……天一下雨，胡枝子的叶子会沾湿衣裳，小石径上就没法走路了。”

父亲又说：“这家户主如果想到今年胡枝子会开得这么美丽，或许会舍不得卖掉这座房子吧。但到了非卖不可的时候，也就任其凋零散落了。”

母女俩默不作声。

“人嘛，就是那么回事。”父亲有点儿神情黯然。

“爸爸，您那么喜欢胡枝子花吗？”千重子强作欢笑地说，“今年已经来不及了。明年我给爸爸设计一件碎花衣料，用胡枝子花做图案。”

“胡枝子花是女人用的花样，那是做女人单衣的。”

“我想试着做成既不是女人用的，也不是做单衣的花样。”

“唉，小碎花？用作内衣吗？”父亲看着女儿，笑着掩饰说，“作为答谢，爸爸设计一件樟树图案的和服或者和服外褂给你穿。穿上这花样就像个怪物了……”

“……”

“正好是男女倒了个个儿。”

“没有颠倒!”

“穿着樟树花纹的和服，像个怪物，你能上街走路吗?”

“能。哪儿都能去。”

“嗯。”

父亲低下头，好像在沉思。

“千重子，我并不是光喜欢胡枝子的白花。无论什么花，无论何时何地，看到时总会令人心动。”

“是啊。”千重子回答，“爸爸，龙村店离这儿很近，既然到了这儿，我想顺便去看看……”

“哦，那家店是专门面向外国人的……阿繁，你看怎么办?”

“千重子想看就去吧。”阿繁爽快地说。

“是嘛。那里可没有龙村腰带出售哟……”

那一带是下河原町的高档住宅区。

千重子一走进店里，就热心地打量起放在右侧的一卷卷适合做女装的丝绸衣料，这并不是龙村的织品，而是钟纺株式会社的产品。

阿繁走过来问:“千重子也想做西装吗?”

“不，不是的。妈，我想知道外国人喜欢什么样的丝绸。”

母亲点点头。她站在女儿身后，不时伸出手摸摸绸缎衣料。

居中的店堂和走廊里陈列着一些仿古的衣料，大部分仿的是正仓院[1]的藏品。

这些都是龙村的织品。龙村举办过几次丝绸制品展览，太吉郎看过其收藏的古代衣料和相关图案集，印象深刻，叫得出它们的名称。不过，他还是不禁仔细地观摩起来。

“敝商号也想让那些外国人知道，日本也能织出这样的精品。”一个与太吉郎相熟的店员说。

太吉郎以前来的时候，也曾听说过同样的话，但这次听后仍然点头称是。看到仿制唐代的丝绸制品，他说：

“古代真了不起啊……那是千年以前的吧？”

这里成匹的仿古衣料看来是不出售的。——也有织成女用腰带的，太吉郎很喜欢，给阿繁和千重子买过几条，可是这家店不出售腰带，它是面向洋人的。大件商品基本就是装饰性台布之类的。

展示柜里放有手提袋、钱包、烟盒、小方绸巾等小

---

1 正仓院，指日本属于东大寺的双仓，以校仓式建筑而著名。内藏有天平胜宝四年（752）东大寺举行开光佛事所用的器具和其他宝物。

物件。

太吉郎买了两三条不像是龙村出品的龙村领带和一只“红绢菊花”钱包。“红绢菊花”，是指把光悦[1]在鹰峰发明的一种名叫“红绢菊花”的造纸工艺应用在丝绸料子上，这种工艺方法比较新颖。

“东北地区[2]有个地方生产的一种钱包，也是用一种结实的日本纸制造的，跟这个很相似。”太吉郎说。

“是的，是的。”店里人应道，“不过，我们不是很清楚它与光悦的关联……”

里面的展示柜里陈列着索尼生产的小型收音机，太吉郎一家人看了相当惊讶。即便是为了“赚取外汇”，可是摆在这儿寄售，也太不成体统了……

他们三人被引进里面的会客室饮茶。店员说，这几把椅子，有好几位外国来的贵宾都坐过。

窗外是一小片杉树林，虽然不大，却很稀罕。

“那是叫什么杉树啊？”

---

1 即本阿弥光悦（1558—1637），日本桃山时代至江户初期的艺术家，京都人。正业为刀剑鉴定师。曾尝试书画、陶器、漆器等实际创作和设计，风格独特，表现出纯日本式的装饰美和艺术性。被誉为“宽永三笔”之一。作品有漆艺《舟桥泥金画砚盒》、陶艺《不二山》等。

2 东北地区指福岛、宫城、岩手、青森、山形、秋田六县，也称奥羽地区。

“我也不大清楚……好像叫广叶杉。”

“是哪几个汉字？”

“花匠不识字，吃不太准，恐怕是‘广叶’两个字。据说这种树本州以南才有。”

“树干的颜色……”

“那是青苔。”

小收音机响了，他们回头一看，见有个青年在向三四位外国女客人做介绍。

“啊，那是真一的哥哥。”千重子说着，站起身来。

真一的哥哥龙助也朝千重子的方向走来，然后朝坐在会客室椅子上的千重子父母低头行礼。

“你在为那些太太们做向导吗？”千重子问。两个人走近后，千重子觉得他与性格随和的真一不同，有一种凌人之势，叫人难以随口交谈。

“谈不上什么向导。给那几位太太做翻译的朋友，他的妹妹去世了，由我临时替代三四天。”

“哦，他妹妹……”

“是的，比真一小两岁，一个可爱的姑娘……”

“……”

“真一的英语能力较弱，人又腼腆，只好由我来……到这家商店是无须翻译的……再说，她们来这儿只是买点小收音机之类的东西，这些美国太太们都住在京都酒店里。”

“是吗？”

“京都酒店离这儿很近，她们是顺便进来看看的。其实好好看看龙村的丝绸织物也不错，但她们却看起小型收音机来。”龙助轻声笑笑，“当然，看什么都行。”

“我也是头一次看到这里展示的收音机。”

“小收音机也罢，龙村丝绸也罢，一美金就是一美金，没有任何的不同。”

“是啊。”

“刚才，我们在院子里，看到池塘里养着各种颜色的锦鲤。我在犯愁，要是被细究起来，我又该怎么说明才好。幸好她们只是嚷嚷着漂亮、美丽的，帮了我的大忙。我对锦鲤不大懂，它们的颜色，我也不知道用英语该怎么说才准确。花斑锦鲤什么的……”

“……”

“千重子小姐，我们出去看看锦鲤好吗？”

“那几位太太怎么办？”

“交给店员去招呼她们吧。马上就到茶点时间了，也该回酒店了。她们说要同丈夫们一起去奈良。”

“那我去跟我父母说一声。”

“对了，我也得去和太太们打个招呼。”龙助回到太太们身边，不知说了些什么。她们一齐朝千重子看过来。千重子不禁满脸通红。

龙助马上过来，带着千重子走进院子。

两人坐在池塘边，看着美丽的锦鲤游来游去，缄默有顷。

“千重子小姐，你们店铺的掌柜……从股份公司的角度说，应称为专务或常务董事吧，你得给他点颜色看看！你能办得到吗？需要我帮忙也行……”

事出意外，千重子心里一下抽紧了。

从龙村回家的晚上，千重子做了一梦：她蹲在池塘边，各种颜色的锦鲤聚在她的脚下。它们一条条相挨、重叠，有的翻身跳跃，有的探出水面。

就是这样的一个梦，梦见的全是白天所见之事。千重子把手伸进池水中，稍稍搅弄起一点涟漪，锦鲤便游到她的身边。千重子有些吃惊，对锦鲤群感到说不出的喜爱。

站在她身旁的龙助，比千重子显得更为惊异。

“千重子小姐的手会发出什么香气……什么灵气吗？”龙助说。

千重子对此感到羞涩，站起身。“大概是锦鲤与人类会很快相熟的缘故吧。”

龙助目不转睛地注视着千重子的侧脸。

“东山就在那儿。”千重子避开了龙助的目光说道。

“是啊。你不觉得山色有些不同了吗？已经像秋天了……”龙助回答。

千重子醒来后，不知道梦中的龙助是否在自己身旁，一时半会儿无法再入睡。

龙助劝她给掌柜一点“颜色看看”，但第二天，千重子却感到难以开口。

在店铺快要打烊的时候，千重子坐在账台跟前。账台是用矮格子栅栏围起来的，相当古朴。植村掌柜感到了千重子非同寻常的举止，便问：

“小姐，您有事吗……”

“请让我看一下，有没有我可穿的和服料子。”

“是小姐要穿的吗？”植村松了一口气，“您要我们店里的货吗？现在挑，就选过年时穿的，是做会客服还是长袖和服？小姐不是一向在冈崎染织店或者万记领子店订购的吗？”

“把店里的友禅绸缎拿给我看看。不是过年穿的。”

“行啊，有多少都拿出来请小姐过目，也许能有让小姐满意的。”植村起身招呼两个店员，耳语几句，然后三个人捧出十多反[1]料子，在店堂里熟练地一块块摊开来。

“这一块就行。”千重子立马挑中，“请在五天或一周之内做成。衬里之类的，您就看着办吧。”

植村被震住了。“要得太急了。我们是批发商，很少拿货外出定做。不过，那也没啥。”

两个店员灵巧地卷起了绸缎料子。

“这是尺寸。”千重子将它放在植村的桌上，但并没有立刻离开。

“植村掌柜，店铺的生意，我想一点点地学起来，慢慢地熟悉。还请您多加指教。”

“不敢当。”植村的神情顿时僵住了。

千重子平静地说：

“明天也行，请把账本拿给我看看。”

“账本？”植村苦笑着说，“小姐要查账吗？”

“哪里是查账啊，我可没有那么狂妄。我想看账，是因

1 反，日本布匹的长度单位。长约2丈7尺，宽9寸（鲸尺），约12码。和服料1反可做1套和服。

为不了解店里在做些什么生意。”

“是吗？要说账本，那就有很多。还有专门应付税务局的。”

“我们做了两本账吗？”

“瞧您说的，小姐！要干那种作假的事情，还得请小姐您来。我们可是光明正大的。”

“明天就拿给我看吧，植村掌柜。”千重子干脆地说，之后就从他面前离开了。

“小姐，在您出生之前，我植村就是这家店铺的总管……”见到千重子头也不回，他又轻声嘀咕道：“算怎么回事？”植村咂了咂舌头，说：“腰好疼呀。”

千重子走到母亲身边，母亲正在做晚饭，她完全被她吓着了。

“千重子，你对掌柜说这么重的话呀！”

“嗯。妈妈。您吓坏了吗？”

“年轻人看上去老实相的，但也真厉害呀。妈听了都打哆嗦啊。”

“这也是别人给我出的主意。”

“嗯？是谁呀？”

“是真一的哥哥，上次在龙村……真一他们家的店里，他的父亲还很踏实地在做生意，还有两个好掌柜。所以龙助说，要是植村辞职不干了，他们可以拨给我们一个掌柜，他自己过来也可以。”

“龙助说的吗？”

“是的。他说，反正将来要做生意，研究生院那边，随时可以退学的……”

“是吗？”阿繁望着千重子美丽的面庞，“倒不必担心植村掌柜辞职……”

“他后来又说，在种有胡枝子花那户人家附近，若有好房子，就叫他爸爸给买下来！”

“哦。”母亲一时说不出话来，“都怪你爸爸太厌世了。”

“可是他说，爸爸这样挺好的……”

“那也是龙助说的吗？”

“是的。”

“……”

“妈，求您一件事。您也看到了，请让我送一套店里的和服给北山村的姑娘吧？”

“好，当然好呀。加送一件外褂也行。”

千重子避开母亲的目光。她已泪水盈眶。

为什么要称高机呢？当然，那是手工织机较高的缘故。不过，手织机是安放在挖得很浅的地面上的，泥土里的潮气对生丝有益无害。原先织匠要坐在高机上，如今是在竹筐里装上大石头，吊在高机的横头。

有的织布作坊是手工织机和机械织机两种都用的。

秀男家只有三台手工织机，兄弟三人各织一台，父亲宗助偶尔也会上机。在这样的小作坊并不少见的西阵一带，他们的家境算是不错的了。

千重子所托付的腰带越是接近完工，秀男越是感到喜悦。这不仅是因为自己精心打造的腰带即将完工，也因为在机杼来回摆动的嘎嘎声中，有千重子的倩影存在。

不，不是千重子，而是苗子。不是千重子的腰带，而是苗子的。但秀男织着织着，千重子和苗子就变成了一个人。

父亲宗助站在秀男身旁看了一阵，说：

“好漂亮的腰带呀！图案相当新颖。”他侧着头问，“这是给谁家的？”

“佐田家，千重子小姐的。”

“图案呢？”

“也是小姐设计的。”

“哦，千重子……是真的吗？嗯。”父亲愣愣地望着织机上的腰带，伸手摸了摸，“秀男，织得很紧密，挺好！”

“……”

“秀男，以前我也曾对你说过，佐田先生对我们家可是有恩的！”

“听说过了，爸爸！”

“嗯，我是讲过的。”宗助依然喋喋不休，“我是织匠出身，靠一人奋斗，总算购入了一台高机，其中的一半还是借的钱。我织出一条腰带，就给佐田的店铺送去。就那么一条腰带，多么寒碜呀，我只能在夜间悄悄地送去……”

“……”

“佐田先生可从未为难我。现在有了三台机器，总算过得去了……”

“……”

“话是这么说，秀男呀，我们家的身份终究比不上……”

“我知道，您说这些干什么呀？”

“你好像看上了佐田先生的千重子小姐了吧……”

“又说这种话！”秀男说着再次动手织起来。

腰带织完后，秀男赶紧到北杉山的村子给苗子送去。

下午，北山方向前后出现了好几次彩虹。

秀男挟着苗子的腰带，一上路就看到了彩虹。彩虹虽然很宽，颜色却很淡，上部也不呈弓形。他停下脚步，抬头仰望。彩虹的颜色渐渐变淡，仿佛要消失不见了。

在公共汽车驶进山谷前，秀男又看到了两次彩虹。这三道彩虹，上端的弓形均不完整，有的部分显得很淡。彩虹本是常见的现象，但今天秀男心中不免有些忧虑：“不知彩虹是吉相呢，还是凶兆？”

天空倒不阴沉。进入山谷时，相似的淡淡彩虹又出现了，但它被清泷川沿岸的山岭遮住了，看不大清晰。

秀男在北山杉的村子下了车。苗子穿着一身工作服，用围裙擦了擦湿手，立刻走了过来。

当时，苗子正在用菩提瀑布的砂子（毋宁说更像蒲红色的黏土）仔细地搓洗圆杉木。刚到十月，山水大概已经很凉了。圆杉木漂浮在人工挖出的水沟中。水沟的一端有座砌好的简易炉灶，或许是热水流出的关系，蒸气升腾。

苗子弯腰行礼，说道：“劳您到这样的山沟里来。”

“苗子小姐，约定为您织的腰带完成了，今天给您送来。”

“是替千重子小姐织的腰带吧。我不愿意再当别人的替身了，这一次见过面就可以了。”

“这条腰带，您已经答应接受的。再说，这图案是千重子小姐设计的。”

苗子低下头说：“秀男先生，其实，前天千重子小姐从他们店里给我送来了一套和服，还配上了草屐，齐备了。

我也不知何时能够穿戴上。”

“二十二日时代祭那天穿吧，你出不来吗？”

“不，出得来的。”苗子毫不犹豫地说，“现在站在这儿太引人注目了。”

她沉吟了一会儿，又说：“我们去河边的碎石滩吧。”

总不能像上次与千重子那样，与秀男躲进杉树林里去吧。

“秀男先生织的腰带，我会当作终生的宝贝珍惜的。”

“不用，我还会给您织的。”

苗子没再作声。

千重子送苗子和服这件事，她寄寓的那户人家当然知情，因此把秀男领回家去也并非不可。不过，自从苗子基本了解了千重子的身份和店铺的情况后，已经是很满足了。她不愿再为一些小事给千重子添麻烦。

当然，苗子寄养的村濑家，在当地属于有着好杉林的人家；苗子也不怕辛苦，拼命地干活儿。即便千重子家知道了，也不会给他们添麻烦。比起一家中等规模的丝绸批发店，有杉林的人家要家境殷实得多。

可是，苗子与千重子多次来往，情谊甚笃，她打算以后要更加谨慎行事。因为千重子对自己的爱，她已经切身感受到了……

所以，苗子才把秀男带到河畔的碎石滩。在这清泷川的碎石滩上，能够种树的地方都已经种上了北山杉。

“在这儿真是委屈您了，请原谅。”苗子说。毕竟是个女孩子，她还是想尽快见到腰带。

“多美的杉山！”秀男抬头望了望杉山，然后打开包袱，解开纸绳。

“这里要在背后打成鼓形结，这个要系在前面……”

“哎哟！”苗子抚摸着腰带说，“这个让我用太可惜了。”她的眼睛里散发着光辉。

“一个年轻织匠织的腰带，有什么可惜的！快到正月了，红松与杉树还算合时。我只想到用红松打成鼓形结，千重子小姐说要加上杉树，我到这儿来一看才真正明白了。一听说是杉树，就以为是什么了不起的大树、古木，其实……所以我就把它画得典雅一点，没想到还是画对了。我还在红松的树干上加深了色彩的渲染……”

当然，杉树干也不是完全按照本色画的。他在形状和颜色方面都下了一番功夫。

“腰带太好了，十分感谢……像我这种人，要是织得太花哨就没法系了。”

“与千重子小姐送的和服配吗？”

“我看挺配的。”

“千重子小姐从小熟悉京都风格的和服……我还没让她看过这条腰带。不知何故，总有点不好意思。”

“是千重子小姐设计的图案……我也应该请她好好看看。”

“时代祭那天，就请小姐穿来吧！”说着，秀男叠好腰带，放进了衬纸里。

秀男打好绳扣，对苗子说：

“您别客气，就请收下吧。不仅是我的践约，也是千重子小姐的吩咐。您就把我当作一名普通的织匠好了，但我是真心实意为您织的。”

苗子默默地接过秀男给她的那包腰带，搁在膝盖上。

“千重子小姐自幼长在和服堆里，看惯了和服，她送给我的和服和这条腰带一定很配。刚才已经说过……”

“……”

他们眼前的清泷川浅浅的，流水声隐约可闻。秀男环视两岸的杉山说：“正如我想象的那样，杉树树干像工艺品一样矗立在那儿。不过，上端的枝叶也宛如盛开的朴素的花朵。”

苗子的脸上浮现出忧郁的神色。当时的父亲，一定是在树梢上一面剪枝，一面心疼被舍弃的婴儿千重子，才在向另一棵树的树枝跳跃时，不幸摔落下去的吧。那时的苗子和千重子都是婴儿，什么也不懂。直到长大成人，村里人告诉她后才知晓。

而且，她只知道千重子——实际上连千重子的名字也不知道——同自己是孪生，但千重子究竟是生是死，是姐姐还是妹妹，一概不知。她只是在想，哪怕见上一次都行，如果能见上，哪怕只是从旁看她一眼也行。

苗子居住的那个寒碜的窝棚似的小屋，至今还荒废在杉树林中。一个姑娘家不便住在那里，所以长时间以来，有一对在杉山干活儿的中年夫妇和他们一个在小学上学的女儿借住着。当然，苗子也拿不到什么房租，这样的小屋是无法收取房租的。

上小学的女孩很喜欢花，这户人家的屋前有一棵漂亮的金桂花。

“苗子姐姐！”女孩偶尔会来找苗子，询问侍弄的方法。

“你别管它就行。”苗子回答。但每一次从小屋跟前走过，苗子老远就能比他人先闻到桂花香，这反而使苗子感到忧伤。

——苗子把腰带搁在膝盖上，感到沉甸甸的。她想起了种种往事……

“秀男先生，既然已经知道千重子在何处，我就不再多去找她了。和服和腰带，只有这一次，我会收下，衷心感谢……我想您能够明白我的意思。”苗子由衷地说。

“是的，”秀男说，“时代祭那天，就请您过来。让我看看腰带系在您身上的样子。我就不请千重子小姐了。祭祀的队伍从御所出发，我在西边的蛤御门处等候您，好吗？”

苗子的脸颊微微红了，好一阵后才深深地点了点头。

对岸的河边有一棵小树，叶子是红色的。它在水面的倒影轻轻摇曳着。秀男抬头问道：

“那儿树叶红彤彤的，是棵什么树啊？”

“漆树。”苗子抬头看看，回答说。她用颤抖的手理了理头发，不知怎的，一头的黑发散将开来，披在她的肩背上。

“哎呀！”

苗子红着脸，绾起头发。她把发卡咬在嘴里，一一别好。但有的发卡掉落到地上，不够用了。

秀男看着苗子的身姿和举止，觉得她相当秀美。

“您留长发？”

“嗯。千重子小姐也没有剪短，她梳理得好，叫男人们看不出来……”苗子慌忙用手巾包上头发，“见笑了。”

“……”

“在这儿，我只顾得上给杉树装扮，自己是从不化妆的。”

尽管这么说，苗子还是淡淡地抹了点口红。秀男希望苗子再摘下头上的手巾，让他再看一次她披在肩上的长发。但看到苗子慌忙用手巾包在头上，他就意识到，这样的话实在不便说出口。

山谷狭窄，西面山头的天色渐渐地暗了。

“苗子小姐，我该回去了。”秀男站起身来说。

“今天马上就要收工了……白天变短了。”

山谷东面的山顶上笔直地挺立着一排杉树。秀男在树干之间看到了金色的晚霞。

“秀男先生，谢谢您。实在是感谢。”说着，苗子收下腰带，也站起了身。

“要谢，您就向千重子小姐道谢吧。”秀男说。给这位北山村的姑娘织腰带所带来的喜悦，已在他心中温暖地化作了一缕柔情。

“容我啰唆，时代祭那天，请您务必来。在御所的西门，也就是蛤御门那儿见！”

“嗯。”苗子深深地点了点头，“我从未穿过这样的和服和腰带，怪不好意思的……”

十月二十二日的时代祭，同上贺茂神社、下贺茂神社举办的葵祭[1]和祇园祭一起，在节日众多的京都，被认为是三大节日。虽然祭奠仪式在平安神宫举行，但是游行队伍却是从京都的御所出发的。

打一清早起，苗子就有点坐立不安。她提前半小时便到达御所的西门，即蛤御门的阴凉处等待秀男。对她来说，自己还是生平第一次等一个男人。

所幸的是，这天天气晴朗，天空一碧如洗。

平安神宫是在京都奠都一千一百年的时候，于明治二十八年（1895）修建的，因此时代祭在三大节日之中历史最为短暂。但因为是庆祝京都奠都的节日，所以队列要着意表现京城千年风俗的变迁。游行队伍中出现了穿着各个时代装束的人物，有的还扮成了历史上的一些名人。

---

1 葵祭，源自在敬奉者冠上或牛车上装饰葵花。日本京都市的上、下鸭神社每年 5 月 15 日举行。京都具代表性的庙会节庆之一。

譬如说和宫[1]、莲月尼[2]、吉野花魁、出云阿国[3]、淀君[4]、常磐夫人[5]、横笛[6]、巴夫人、静夫人[7]、小野小町[8]、紫式部[9]、清少纳言[10]等。

此外，还有卖柴女和巫女。

以上列举的都是名妓、女优、贵妇，其中还混有走家

---

1 和宫（1846—1877），日本孝明天皇的妹妹，亲子内亲王。文久二年（1862）下嫁十四代将军德川加茂。

2 即太田垣莲月（1791—1875），日本江户末期女歌人。歌风平明流丽。丈夫和孩子死后出家。

3 出云阿国（生卒年不详），被视为日本歌舞伎创始人的女性。据传她为出云大社的巫女，庆长时期（1596—1615）于京都演出念佛舞博得好评，后开创歌舞伎。

4 淀君（1567—1615），丰臣秀吉之妾，名茶茶。浅井长政的长女。

5 常磐夫人（生卒年不详），日本平安末期源义朝之妾。后又成为平清盛之妾，再嫁给藤原长成。

6 横笛，日本文学作品《平家物语》中出场女性，建礼门院的侍女。与泷口入道的恋爱悲剧流传至今。

7 静夫人（生卒年不详），源义经的爱妾，原为京都的艺妓。歌、舞、歌舞伎均擅长。

8 小野小町（生卒年不详），日本平安朝前期女歌人。六歌仙、三十六歌仙之一。有个人歌集《小町集》。

9 紫式部（约973—约1014），日本平安中期的女文学家、俳人。著有古典名著《源氏物语》。

10 清少纳言（约966—?），日本平安中期的女随笔作家、歌人。为著名随笔《枕草子》的作者。

串户的女贩。至于像楠正成[1]、织田信长[2]、丰臣秀吉[3]以及王朝的公卿和武将更是自不待言。

游行的队列相当长，宛如一幅京都风俗画卷。

女子加入游行队伍，据说始于一九五〇年，从而使得节日更为绚丽辉煌。

队列由明治维新时期的勤王队和丹波北桑田的山国队领头，由延历时代的文官参朝的队列压轴。他们回到平安神宫后，要在凤辇龙舆前致祈祷词。

队列从御所出发，所以在御所前的广场前观看最佳。秀男约苗子到御所来就是出于这个考量。

苗子在御所西门的阴凉处等待秀男。人群熙熙攘攘，谁也没有注意到她，除了一个中年的老板娘。她大模大样地走近苗子，说："小姐，你这腰带真漂亮，哪儿买的？跟这身衣服也相当般配……对不起，请让我看看。"她说着伸手摸了摸，"能不能让我看看后面的鼓形结？"

苗子转过身去。

"啊！"被人这么一赞叹，苗子反倒平静了。因为有生以来，她第一次穿上这样的和服，系上这样的腰带。

1　楠正成（？—1336），日本南北朝时代的武将，河内的土豪。

2　织田信长（1534—1582），日本战国、安土桃山时代的武将。

3　丰臣秀吉（1536—1598），日本安土桃山时代的武将。

“让您久等了。”秀男来了。

靠近队列出场处的席位全叫朝拜团体和观光协会占据了。秀男和苗子只能站在观礼台的后面。

苗子第一次站在这么好的位置上，只顾着观看游行队伍，全然忘记了秀男和新衣裳。

不过，她马上就意识到了，问道：

“秀男先生，您在看什么呢？”

“看青松。您看，让青松那么一衬托，那队伍就显得格外醒目。在御所宽敞的庭院里有一片黑松，那是我的最爱。”

“……”

“有时我也侧目看着苗子小姐，但您没有发觉。”

“您可真是的。”苗子说着垂下了头。

深秋里的姊妹

在京都众多的节日里，比起“大字形”篝火，千重子更喜欢鞍马山的火祭。因为距离不远，苗子也去看过。不过，那时在火祭上，即使姊妹俩迎面走过，怕也是不认识吧。

在去往鞍马山朝拜的路上，家家户户都用树枝分隔开，在屋顶上洒上水。半夜里，人们点亮大大小小的松明火把，齐声吆喝着“祭礼啊，美哉”，前往鞍马山。火焰熊熊燃烧。两顶神轿抬出来时，村（现在是镇）里的妇女全体出动，拉上神轿的绳子。最后，献上大松明火把。朝拜仪式一直持续到黎明之前。

可是，今年这个有名的火祭给取消了，说是为了节约。火祭不办了，但伐竹祭还照旧。

北野天神宫[1]里的“芋茎祭”今年也不办了。据说是因为芋头的收成不好，没有芋茎可做神轿。

在京都，像鹿谷的安乐寺的“南瓜供”，莲花寺的“黄

1　即北野天满宫，位于京都市上京区马喰町，旧官币中社。供奉被认为是学问技艺之神的菅原道真及其他二神。

瓜祭”，这一类的祭奠仪式数不胜数。它们既展示了古都的风貌，也表现了京都人生活的一个侧面。

近年来，重新恢复的仪式有：岚山河里泛龙舟的极乐鸟[1]、上贺茂神社庭院里的曲水之宴[2]等。这些仪式都曾是当年王朝贵族的风流戏耍。

所谓曲水之宴，是由身着古装的人坐在岸边，在酒盏漂来之前或吟诗绘画，或挥毫作书；待酒杯到达自己跟前时，便取杯一饮而尽，再让杯盏顺流漂走。这些事皆由书童侍候。

这个仪式自去年开始举办，千重子曾去观瞻过。坐在王朝公卿之前的，是诗人吉井勇[3]（现已作古）。

由于是刚刚恢复的仪式，一般民众还不大熟悉。

今年，千重子也没有去看岚山的极乐鸟。她觉得没有什么古趣可言。在京都，古趣盎然的仪式活动实在多得不胜枚举。

——千重子的勤劳是母亲教养的结果，母亲阿繁也相

---

1 极乐鸟，也称频迦鸟、伽陵频（梵文 kalavinka 的音译）。人头鸟身，鸣声悦耳。

2 即曲水流觞，为阴历三月初三在宫中或贵族府邸举行的一种活动。当漂浮在水上的酒杯流到自己跟前时须作诗歌，然后取杯饮酒。在奈良时代由中国传入日本。现今的活动略有变异。

3 吉井勇（1886—1960），日本和歌诗人、作家。《明星》《昴星》同人，艺术院会员。作品有《祝酒宴》等。

当勤奋。也或许是她天性使然，大清早一起床便去擦拭格子门窗了。

“千重子，时代祭那天，你们俩好快活呀！”早饭以后刚拾掇好餐具，真一就打来了电话。看来真一也把千重子和苗子给搞错了。

“你也去了吗？打个招呼就好了……”千重子耸耸肩说。

“我也那么想，可是哥哥不让。”真一爽快地回答。

千重子犹豫不决，是否要告诉他认错了人。从真一打来的电话来看，她觉得苗子去时代祭时可能穿上了自己送的和服，系上了秀男织的腰带。

陪伴苗子的肯定是秀男。一时间，这让千重子觉得意外，然而转念一想，她的心中又感到一丝温暖，脸上不禁浮现出微笑。

“千重子，千重子小姐！”真一在电话里嚷嚷，“你怎么不说话呀？”

“原来打电话的是真一先生啊！”

“行了，行了！”真一笑了起来，“现在掌柜在吗？”

“不在，他还没来……”

“你没有感冒吧？”

“你听得出我像感冒了吗？我正在外面擦格子门窗哪！”

“是吗？”真一好像摇了摇电话听筒。

这一次是千重子爽朗地笑了。

真一压低声音说：“电话是哥哥让我打的，现在由他来讲……”

与龙助说话，千重子不像与真一交谈那么轻松。

“千重子小姐，您试探过掌柜了吗？”龙助开门见山地问。

“试探过了。”

“了不起！”龙助又加强语气说，“了不起！”

“无意之中，母亲也听到了，当时还替我捏把汗呢。”

“是吗？”

“我对掌柜说，想一点点地学店里的生意，请他把账本拿给我看看。”

“嗯，说得好。即使就这样说说，情况也会不一样。”

“后来，连保险柜里的存折、股票、债券之类的也全叫他拿出来了。”

“好，了不起！千重子小姐，真了不起！”龙助忍不住地说，“您这么一个温柔的小姐竟……”

“全靠龙助先生指点……”

“并不是我的什么指点，而是附近的批发同行间有些传言。原本打算要是千重子小姐谈不成，家父或我准备来一趟的。但是，小姐干得相当漂亮。掌柜的态度想必有所不同了吧？”

“是的，有那么一点儿。”

“我猜也是。”电话那头的龙助沉默了一阵子，说，“干得漂亮！”

千重子感到龙助好像正在为什么事犹豫。

“千重子小姐，今天中午我想登门拜访，不知是否方便……”接着他又补充说，“真一也一起去……”

“有什么不方便的，我又没什么大不了的事情。”千重子回答。

“毕竟是位年轻的小姐！”

“您说什么呀！”

“怎么样？”龙助笑道，“趁着掌柜也在店里，我过来一趟。千重子小姐完全不必担心，我就看看掌柜的态度如何。”

“啊？”千重子下面的话说不出来了。

龙助家是室町一带的大批发店，在同行中颇有点儿势力。龙助虽然还在研究生院学习，可店铺的威势在他身上已有所体现。

“现在正是吃甲鱼的时节。我在北野的大市订了座，想请您赏光。若令尊令堂一起请，未免显得自大，所以只请您一人……我家的童子小哥也去作陪。”

千重子慑于他的气势，只应了一句：

“哦。”

真一在祇园祭上扮成童子，乘坐在彩车上，那已经是十多年前的事了。可时至今日，哥哥龙助有时还会半开玩笑地称他为“童子小哥”。或许真一身上真的还保留着“童子”的温雅和可爱的气质……

千重子告诉母亲：“下午龙助和真一要来，刚才打来电话了。”

“是吗？”母亲阿繁有点惊讶。

午后，千重子到后面的二楼化妆，虽是淡妆，却也相当仔细。她细致地梳理着长长的秀发，但头式总梳得不称心。衣服也不知道选哪一件好，挑来拣去，反倒拿不定主意了。

她总算下楼时，父亲已经外出，不在店里了。

千重子来到后面的客厅，整好炭火盆，再朝四下里环视一圈。狭小的庭院里，老枫树上的苔藓依然一片青绿，但寄宿在树干上的两株紫花地丁，叶子已经泛黄了。

雕有基督像的灯笼脚下，小山茶花开着红花，红得娇艳妩媚，甚至比红玫瑰还使千重子心动。

龙助和真一来了。他们向千重子的母亲恭敬地行礼寒暄后，龙助一人跑去账房，坐在掌柜的面前。

植村掌柜赶紧走出账台的矮格子栅栏，向龙助一本正经地致意。他讲了很长时间，龙助不时应上一句，但始终板着个脸。植村自然将这冷漠的表情看在眼里。

他心里思忖：一个学生端什么臭架子！但在龙助气势的压迫下，他也不知如何是好。

龙助待植村说完，便平静地说道：

“贵店生意兴隆，不错呀！”

“嗯，谢谢！全托您的福。”

“家父他们也说，佐田先生的店铺多亏了有植村先生这样的掌柜，他有多年的经验，真是难得呀……”

“哪里的话，水木先生做的可是大买卖，我们实在是微不足道。”

“哪里哪里。我们店只是什么都做罢了，什么绸缎批发之类的，简直是一家杂货店。我不大喜欢搞成那样。像植村先生这样踏实行事的，真是一天比一天少了……”

植村正要回答，龙助却已经站起身，朝着千重子和真一所在的客厅走去。植村一脸不快地望着龙助的背影。之前千重子说要看看账本，今天龙助又有这般举动，两者间的关联，植村心里是再清楚不过了。

龙助走进客厅，千重子抬起头望着他的脸，像是要问什么。

“千重子小姐，掌柜那儿我已经稍稍敲打过了。是我劝说你的，我有责任……”

“……”

千重子低着头，为龙助点茶。

“哥，你看那枫树干上的紫花地丁。”真一手指着树说，“有两株吧。几年之前，千重子小姐就把那两株紫花地丁看成一对可爱的恋人……近在咫尺却无聚首之日……”

“嗯。”

“女孩子是会想出些可爱的念头的。”

“真一呀，你真是的，多叫人难为情啊。”千重子把点好的茶碗放到龙助面前，手微微发颤。

三人乘上龙助店里的汽车，驶往北野六番町的大市甲鱼店。大市门面古色古香，是家老字号，游客全都知晓。房屋很陈旧，天花板很低。

他们点了甲鱼砂锅和杂烩粥。

千重子浑身热乎起来，似乎生出了点醉意。

她连脖子都泛出了桃红色。千重子的肌理白皙细腻，光滑柔嫩，加上这层红晕，更显得她光艳动人。她不时抚摸脸颊，眼睛里闪现出娇媚的神态。

千重子并没有喝过一滴酒，但砂锅里的汤汁或许有一半是酒。

汽车停在外面，千重子还是怕脚步不稳。但她显得非常快活，话也多了。

“真一，”千重子对好说话的弟弟说，“时代祭那一天，你在御所庭院里看见的那两个人，其中一个不是我，你看错人了。可能是远看的关系吧。”

“别骗我了。”真一笑道。

“我一点儿也不骗你。”

千重子犹豫了一下，说：“真的，那姑娘是我的妹妹。”

“你说什么？”真一一脸的狐疑。

在鲜花盛开的清水寺，千重子曾经告诉真一，自己是个弃儿。此话想必真一已经告诉了他的哥哥。即便真一没有告诉哥哥，两家店铺距离很近，这种事情也会不胫而走。这样推想，恐怕更加恰当吧。

“你在御所庭院里看见的……”千重子有点儿踌躇地说，“我们是双胞胎，你看见的是另一个。”

真一还是第一次听说。

“……”

三个人缄默了一阵。

“我是被抛弃的……”

“……”

“要真是那样，当时若扔在我家店门前该有多好……真的，扔在我家店门口该有多好。”龙助由衷地连说两遍。

“哥。”真一笑着说，“那时的千重子小姐是个婴儿，和现在可不一样。”

“婴儿不也很好吗？”龙助说。

“哼，哥你是因为看到现在的千重子才这么说的。”

“不是。”

“人家是佐田先生的宝贝，当作掌上明珠那样养大的。”真一说，“那时候，哥你自己还是个孩子呢，能抚育孩子吗？”

“当然能养。”龙助倔头倔脑地说。

“哼。哥你总是那么自信，从不认输。”

“也许是这样，但我还是想抚育千重子这个婴儿。妈妈一定会帮我的。”

千重子的酒醒了，脸色变得苍白。

秋季的北野舞蹈会演要持续半个月。在结束的前一天，佐田太吉郎独自一人去了。茶馆送来的入场券当然不止一张，但太吉郎却谁也不想请。看完舞蹈后还要陪人一起去茶馆，太吉郎并不乐意。

太吉郎愁眉不展地走进茶座时，舞蹈还未开始。今天坐在那儿专司点茶的艺妓，也不是太吉郎所熟悉的。

一旁站着七八位少女，或许是帮着端茶的。她们都身穿浅粉色的长袖和服。

只有中间的一位少女，身穿一身绿色和服。

“哎！”太吉郎几乎失声叫起来。她不就是那个打扮得很漂亮，由花街柳巷的老板娘带着与太吉郎一起乘坐“叮叮当当”有轨电车的女孩吗？唯独她一人穿着绿色的衣服，或许她还管着什么事呢。

这位绿衣少女为太吉郎端来了淡茶。当然她一副矜持的模样，不苟言笑，遵守茶道的礼法行事。

可是，太吉郎的心情倒一下变得轻松了。

舞蹈演的是八场景舞剧《虞美人草图》，那是中国广为人知的悲剧：霸王别姬。虞姬用剑刺入胸膛，被项羽抱在怀里，听着思乡的楚歌死去，项羽也随即战死。可是，下一场就转到了日本，讲的是熊谷直实[1]、平敦盛[2]和玉织姬的故事。在杀了敦盛之后，熊谷感到人世无常便出家为僧。他来到古战场凭吊的时候，敦盛冢的周边盛开着虞美人花。这时笛声悠扬，敦盛的鬼魂显现，请求把青叶笛收藏于黑谷寺内，而玉织姬的鬼魂则要求将她坟前盛开的虞美人花供奉在佛前。

这出舞剧之后，又演了一出热闹的新编舞蹈《北野风流》。

上七轩的舞蹈与祇园的井上派不同，属于花柳派。

太吉郎走出北野会馆，然后走进那家古色古香的茶馆，坐在那儿愣愣地发呆。

“帮您叫哪位姑娘来呀？”茶馆的老板娘问。

“嗯。就叫那个咬舌头的姑娘吧……再不就叫那个穿绿衣服送茶的孩子。”

“是乘叮当电车的那个吧……好吧，和您见个面打个招呼是可以的。”

艺妓没到之前，太吉郎喝了几盅酒。艺妓来时，他故

---

1 熊谷直实（1141—1208），日本镰仓初期武将。武藏国熊古人。在一谷战役中讨伐平敦盛。因与久下直光争夺领地失败而出家，拜法然卫为师，自称莲生和尚。

2 平敦盛（1169—1184），日本平安末期武将，经盛之子。一谷之战时在逃往海上途中被熊谷直实杀死一事，常被用作谣曲的题材。

意站起身。艺妓跟在他身后，太吉郎问："现在还咬人吗？"

"您记得可真清楚。没关系，您就伸出舌头试试。"

"我害怕！"

"真没关系。"

太吉郎伸出舌头，舌头被她那温润而柔软的嘴吸了进去。

太吉郎轻轻拍了拍女人的脊背，说：

"你堕落了。"

"这就算堕落吗？"

太吉郎想漱口，可艺妓就站在身边，多有不便。

艺妓这种淘气的恶作剧有点过分了。对她而言，恐怕也是心血来潮、毫无意义的殷勤。太吉郎并不讨厌这个年轻的艺妓，也不觉得她是不洁净的。

太吉郎要回客厅，艺妓抓住他说："等一下！"

她掏出手帕，帮太吉郎擦了擦嘴唇。手帕上粘着口红。艺妓又凑近太吉郎的脸看了看，说：

"好，这下行了。"

"谢谢……"太吉郎把双手轻轻搭在艺妓的肩上。

艺妓独自留在盥洗室里，站在镜子前补口红。

太吉郎回到客厅，见谁也不在，就像漱口似的喝了两三杯冷酒。

尽管如此，他身上有什么地方仍然沾上了艺妓的气味，抑或是她的香水味。太吉郎隐隐约约地觉得自己的身心变年轻了。

太吉郎思忖，哪怕是艺妓突发的恶作剧，自己也显得过于冷淡了。或许是因为自己长时间未与年轻的姑娘嬉闹了。

这位刚二十出头的艺妓，也许是个很有意趣的女人。

老板娘又领来一位少女，她仍然穿着那身绿色的长袖和服。

“您就见见面吧！我跟她说，只是见个面打个招呼。您瞧，年龄总还是小的。”

太吉郎看着少女说：“刚才端茶的……”

“是啊。”毕竟是茶馆里的孩子，一点儿也不忸怩，“我想，您就是那位大爷，就把茶端了过来。”

“哦，那就多谢了。你还记得我吗？”

“记得。”

艺妓这时也回到了屋里，老板娘对她说：

“佐田先生特别喜欢这个阿千。”

“是吗？”艺妓看着太吉郎的脸说，“您的眼光可不低呀！还得等上个三年吧。阿千明年春天要去先斗町。”

“先斗町？为什么呢？”

“她想当舞伎。说她憧憬舞伎们的舞姿，是吧？”

“嗯？若是当舞伎，祇园那边不是更好？”

“阿千的伯母在先斗町，也许是这个原因吧。”

太吉郎注视着这位少女，心想：她不论去哪儿，都会成为一流舞伎的。

西阵和服纺织工会做出一项前所未有的果断决定：从十一月十二日至十九日，八天之内，全部织机一律停工。十二日和十九日原本就是星期日，实际上只停工六天。

其原因是多种多样的，概括起来就是出于经济上的考量。由于生产过剩，库存衣料已达三十万件。为了打开销路、改善经营，他们才出此策略。当然，近来的资金周转困难也是一个原因。

从去年秋天到今年春天，收购西阵衣料的公司接连倒闭了。

停机八天，据说可以减产八九万件。这个措施看来能够奏效，估计会取得成功。

尽管如此，在西阵的纺织街上，尤其是那些巷子里的，更是一目了然，这些零星的家庭作坊也全都服从了这一决定。

那里遍布着一栋栋小屋子，屋顶陈旧，房檐很宽，像是匍匐在大地上。即使是二层楼的，仍显低矮。那窄得如同甬道似的巷子，错综交杂，连织机的声响听上去都觉得晦暗。那些织机大概不都是自有的，也有租借的。

但提出申请，要求“破例不停机”的，总共只有三十多家。

秀男家不织衣料，只织腰带。他家有三台高机，白天也要开着灯。但车间还算明亮，后面还有块空地。可是，屋子很小，令人不禁要想他家的厨房用具、家人的起居休憩究竟该在何处。

秀男的身体健壮，工作上很有才干，也充满热情。不过，他老是坐在高机窄窄的木板条上织布，恐怕屁股上都磨出老茧了。

那一天约苗子去看时代祭，御所庭院里的青松，反比身穿各朝服装的游行队伍更能吸引秀男。这或许是他能以此将自己从日常烦劳中解放出来的缘故。而习惯了面对狭窄的山谷、在山间劳作的苗子，倒不怎么在意……

自从时代祭那一天苗子系上了自己织的腰带以后，秀男干活儿更起劲了。

千重子和龙助、真一两兄弟从大市回来后，虽然说不上十分痛苦，但时常神思恍惚。细细琢磨，其实还是由于苦恼。

十二月十三日的“准备过年日[1]”已经过去，京都也真正进入了冬季。天气极其多变，晴朗的天会下起阵雨，一会儿又变成了雨夹雪。时阴时晴，变幻不定。

按照京都的风俗，从十二月十三日的“准备过年日”起，便要准备过年，开始互赠年礼。

恪守这些老规矩的，仍要数祇园那些花街柳巷里的人。

艺妓和舞伎们提着镜饼[2]，分送到平素对自己有所照应的茶馆、歌舞音乐师傅和年长的艺妓家。

之后，她们再去四处拜谢，见面时必称“恭喜”，意思是说这一年已平安度过，来年还请多多照应。

这一天，打扮得比平时更加花枝招展的艺妓和舞伎，来来往往。这提早来临的岁暮光景，把祇园一带装点得花团锦簇。

千重子家店铺所在的地方，没有那么辉煌。

她吃完早饭，独自上后楼简单地化了个晨妆。可是，

---

1 准备过年日，日文原文为“御事始”，指在 12 月 13 日这一天，日本京都以及附近的近畿地区进行大扫除，以做迎接正月的准备。

2 镜饼，指日本民间正月供神用的圆形年糕，一般大小各一，叠放在一起。叠放时还会添加酸橙、海带等物品。

她不时会怔怔地停下来。

在北野的甲鱼店里，龙助激动的话语时时回响在她的心中。要是婴儿时的千重子被扔在水木家的门口，那该有多好，这话不是说得够明白了吗？

龙助的弟弟真一与千重子从小相识，一直到高中都是同学，他的性格温良恭俭。千重子知道他很爱自己，却从未说过像龙助那样令她动心的话。他只是一个可以放松相处的玩伴。

千重子将梳好的长发披在后肩上，走下楼。

在就要吃完早餐时，北山村的苗子给千重子打来了电话。

“是小姐吗？”苗子确认，“我想见你，有事想听听你的意见。”

“苗子呀，好想念你……明天可以吗？”千重子回答。

“我什么时候都行……”

“你来店里好吗？”

“请原谅，我不能去店里。”

“苗子的事，我已经告诉妈妈了，爸爸也知道了。”

“店里总还有店员什么的吧？”

“……”千重子思考了片刻，“那么，我去苗子的村里吧。”

“就是大冷天的……你来我太高兴了。”

“我也想看看杉树……”

“这儿不仅寒冷，说不定还会下阵雨，你来要做好准备，尽管我会点上几堆篝火。我在路边干活儿，你一到我就能看见。”苗子爽朗地回答。

冬之花

千重子穿上宽松的长裤和厚厚的毛衣，这是从未有过的头一回。脚上那一双厚袜子也很漂亮。

父亲太吉郎正在家里。千重子跪坐在父亲跟前，与他打招呼。太吉郎看着千重子这身少见的打扮，瞪大眼睛问道：

“去山里吗？”

“是的……北山杉村的姑娘要见我，说是有事要与我商量……”

“是吗？”太吉郎毫不犹豫地说，“千重子！”

“嗯。”

“那姑娘要是有什么困苦和为难的事情，就把她带回家吧……我们可以收养她。”

千重子低下了头。

“挺不错呀！有两个女儿，我和老太婆会觉得热闹的！”

“爸爸，谢谢！谢谢爸爸！”千重子弯下腰，潸然泪下。

“千重子，从你吃奶的时候至今，我们一直都很疼爱你。对那位姑娘，我们也一定会一视同仁。她很像你，一定是个好孩子。你把她带回家吧。二十年前，双胞胎不受人待见，但现在已经无所谓了。”父亲说。

“阿繁，阿繁！”他又招呼妻子。

“爸爸，我真的很感谢您。但苗子那姑娘是绝对不肯到我们家来的。”千重子说。

“那又是为什么呢？”

“她肯定是不想妨碍我的幸福，哪怕是一丝一毫。”

“那又会妨碍些什么呢？”

“……”

“究竟会有什么妨碍呢？”父亲歪着头，又问了一遍。

“刚才我对她说，爸爸妈妈都知道了，让她今天到店里来。”千重子含着眼泪说，“但她在顾虑我们的店员和邻居……”

“店员怕什么！”太吉郎大声嚷嚷。

“我理解爸爸的意思。不过，今天我还是先去看看再说吧。”

“也好。”父亲点点头，“一路多加小心……你就把爸爸刚才说的话告诉苗子那姑娘吧。”

“好的。”

千重子在雨衣上加了一顶风帽，换上了橡胶雨鞋。

早上，中京的天空晴朗无云，但瞬间就转阴了，北山那边或许在下阵雨吧。若是没有京都这一带秀丽的小山遮挡，也许就能看到那边天正阴沉着，一派要下雪的模样。

千重子乘上了国铁的公共汽车。

去北山的中川北山村，有国铁和市营两条公共汽车的线路。市营的线路开到京都市（已经扩大）北郊的山脚就折返，而国铁的公共汽车则一直开到福井县的小滨。

小滨坐落在小滨湾的沿岸，从弱狭湾延展向日本海。

由于是冬季，公共汽车上的乘客并不多。

一个有人陪伴的年轻男子，用锐利的目光紧盯着千重子。千重子被看得有点发怵，戴上了风帽。

“小姐，求求你，别戴上那玩意儿躲藏起来。”年轻人的嗓音沙哑，与他的年龄极不相称。

“喂，别讲话！”一旁的男子说。

对千重子说话的年轻人戴着手铐，不知是个什么罪犯。旁边的男子大概是个刑警。他翻山越岭，要把犯人押送到什么地方呢？

千重子又不能摘下风帽，露出脸来让他看。

公共汽车开到了高雄。

有个乘客问：“这是在高雄的什么地方？”他也未必像他问的那样看不出来。枫树的红叶已经落尽，树梢上的细枝已现冬意。

梅尾山下的停车场上，看不到一辆车。

苗子穿着工作服，来到菩提瀑车站，等着迎接千重子。

这一身打扮乍一看很难认出千重子，但苗子一眼就认了出来。

“小姐，你来啦！真是太好了。难为你远道跑来这山沟里。”

“哪是什么山沟呀！”千重子没有来得及脱下手套，就握住苗子的双手，“太高兴了。夏天以后就再没见过面。夏天在杉山那次，多谢你了！”

“那不算什么！”苗子说，“不过，当时的雷电真要是劈到我们头上会怎么样呢？即使那样，我也高兴……”

“苗子，”千重子边走边说，“你打电话到家里，一定有什么紧要的事情。你先说给我听吧。不然，我们也不可能好好说别的。”

“……”苗子一身工作服，头上包着手巾。

“是什么事呀？”千重子又问。

“秀男他向我求婚，所以……”苗子踉跄了一下，一把抓住了千重子。

千重子抱住摇晃不定的苗子。

苗子平时参加劳动，身体十分结实。夏天下雷阵雨那次，千重子由于害怕，并未留意到这一点。

苗子马上就站稳了，但被千重子那么搂着，她感到很愉悦，所以并没推辞，反倒就这样靠着千重子走着。

千重子搂着苗子，不知不觉中反而更多地倚靠在苗子身上。但两个姑娘谁都没有意识到这一点。

戴着风帽的千重子问："那么，苗子是怎么回答秀男的呢？"

"回答？……我怎么能马上就答复他呢？"

"……"

"他把我当作了你……当然现在不是认错了人，可是，你现在已经深深地印在他的心上了。"

"哪有的事。"

"不，我心里是很清楚的，虽然没有认错人，但秀男还是把我当作千重子的化身。在我的身上，秀男看到的是你的幻影。这是其一……"苗子说。

千重子想起，在春季郁金香开花的时候，他们一家从植物园回来，走在加茂川的河堤上，父亲曾向母亲提出把秀男招婿入赘的事情。

"其二，秀男家是织丝绸腰带的。"苗子加强语气说，"要是因为我们结婚，使我与小姐家发生了关系，让周边的人用奇怪的眼光打量我们，给小姐带去麻烦，那么我即便死了也会对不起你的。我想远远地躲开，躲到深山里去……”

“你为什么要那样想呢？”千重子摇晃着苗子的肩头，“今天我到这儿来，是与父亲说好的，妈妈也知道。”

“……”

“你知道父亲是怎么说的吗？”千重子更加用力地摇晃着苗子的肩膀，“要是苗子那姑娘有什么困苦和为难的事，就把她领回家里吧……我是作为亲生女儿入籍的，可父亲说，对那孩子将尽量一视同仁。还说我一个人，太孤单了。”

“……”

苗子取下头上的手巾，说了声“谢谢”。她捂住脸，半天说不出话来。“真是打心眼里感谢你。我嘛，你知道，没有亲人，没有真正可以依赖的人。虽然感到孤独，但我尽量不去想那些，只是拼命地干活儿。”

千重子故作轻松地说：

“重要的是，秀男先生的事你怎么想……”

“这件事一时还真答复不了。”苗子看着千重子，带着哭腔说。

“把手巾给我。”千重子接过苗子的手巾，“这样哭丧着脸，你能进村吗？”她帮苗子擦净眼睛和脸庞。

"没关系，我虽然好强，比谁干活儿都努力，可就是爱哭。"

千重子刚给苗子擦净脸，苗子就把脸伏在她的胸前，更加厉害地抽泣起来。

"这多不好。苗子，太伤心了？别再哭了！"千重子轻轻拍着苗子的脊背说，"你再这么哭下去，我就回去了。"

"不要，别回去！"苗子惊讶了，从千重子手里夺过手巾，使劲地擦脸。

好在是冬季，看不出她流过泪，只是眼白部分略有发红。苗子用手巾把头包裹得严严实实的。

两个人默默地走了一阵。

北山杉连那些小树杈都被修剪掉了。在千重子的眼中，留在树梢上的少许叶子微呈圆形，青绿淡雅，宛如冬季的花朵。

千重子觉得差不多是时候了，便对苗子说：

"秀男自己画的腰带图案相当漂亮，织得也紧密，他是个做事很认真的人。"

"是的，这个我知道。"苗子回答，"时代祭那天，他约我去了。当时，他与其说是在看身着各朝服装的游行队伍，莫如说是在观赏游行队伍后面御所里的青松，还有东山那变幻中的山色。"

“观看时代祭的游行，对秀男而言，已经不是什么稀罕的事了……”

“不，并不是那么回事。”苗子使劲否定。

“……”

“队列走完以后，他非要我到他家。”

“家？是秀男的家吗？”

“是的。”

千重子不免有点愕然。

“他还有两个弟弟。他领我到屋后的空地上，说我俩若是结婚，就在那儿盖间小房子，尽可能织一些自己喜爱的腰带。”

“那不挺好吗？”

“好？他是把我当作你的幻影，才说要同我结婚的。我是一个姑娘，很清楚这点。”苗子再次提出了这点。

千重子边走边迟疑，不知如何回答。

狭窄的山谷旁有一条小小的山涧，那些正在清洗圆木的女人们围坐成一圈，烘烤着手脚。篝火的青烟冉冉升起。

苗子来到自己家的门前。与其说是家，毋宁说是个窝棚。年久失修的草房顶已经倾塌，歪歪斜斜。因为是山里的人家，所以有个小小的院子。院子里，肆意蔓长的南天竹高大茂盛，结着红色的果子。这七八株南天竹，枝杈交错地缠绕在一起。

然而，这座可怜的小屋，当初或许也是千重子的家。

从屋子旁边走过的时候，苗子的泪水已干了。这就是她当初的家。是告诉千重子，还是不说呢？千重子是在母亲家分娩的，也许没在这间屋子住过。苗子还在襁褓中时，父亲就去世了，后来又失去了母亲。自己是否在这间屋里住过一阵，她都记不清了。

幸好千重子只是抬头看着杉山和一排排摆放好的圆木，没有留意这座小屋便径自走了过去。苗子也就没有提起小屋的事情。

杉树的树干挺直，树冠稍圆，顶端残留着叶子。千重子觉得那叶子像是“冬天的花”。想来它确实是冬之花。

大多数人家在屋檐下和二楼晾着一排剥去树皮、清洗干净的圆杉木。白白的圆杉木，连其根部都拾掇得干干净净，竖着摆了一排，真是好看。或许它们比什么墙壁看上去都美。

杉山上，杉树旁的青草已经枯黄了。树干笔直挺立，一样粗细，十分美观。树皮上带有一些圆斑，透过树木的缝隙可以望见天空的一角。

“你不觉得冬季很美吗？”千重子说。

“是吗？我看惯了，也就不觉得了。不过在冬天，杉叶会带点淡咖啡的颜色。”

“就像花儿一样。”

“花儿？像花儿吗？”苗子觉得意外，抬头仰望杉山。

她们又走了一会儿，看到一座古雅的房子，大概是一户大山主的家。矮墙的下半截镶上了木板，涂着铁红的颜色，上半截是粉成白色的墙壁，墙头上有着葺瓦的屋檐。

千重子停下脚步说：“好漂亮的房子！”

“小姐，我就住在这户人家。进去看看吧。”

“……”

“没关系的。我住在这家快十年了。”苗子说。

千重子听苗子说了两三次：与其说秀男是把她当作千重子的化身，莫如说是当成幻影，才提出要与她结婚的。

说是化身，还好理解，但“幻影”究竟是指什么呢？尤其是作为结婚对象的时候……

“苗子，你总说什么幻影，那幻影到底是什么呢？”千重子紧盯着问。

“……”

“幻影不就是摸不着、看不见的东西吗？”千重子接着说。忽然间，她的脸上泛起一片红晕。不仅长相，恐怕连身体的任何地方都与自己相似的苗子，将被男人猎获了。

“你说得对，但无形的幻影会是这样的，”苗子回答说，“它会存在于男人的心中或者怀里，也可以用别的形式表现出来。”

“……”

“哪怕我成了六十岁的老太婆，而幻影中的千重子依然会像现在一样年轻。”

这话使千重子感到意外。

“你竟会想到这一步？”

“对一个美丽的幻影，是永不会厌弃的。”

“那倒也不见得。”千重子总算说了一句。

“幻影，一个人是不可能踢开它、踩烂它、排除它，只能由自己反复咀嚼它。”

“嗯。”千重子觉得苗子是带着嫉妒说话的，但仍然说，“其实，哪有什么幻影啊。”

“这儿就有……”苗子摇晃着千重子的胸脯说。

“我可不是幻影，我是苗子的孪生姐妹。”

“……”

“那么，苗子是要同我的灵魂做姊妹吗？”

“瞧你说的。这儿是指你千重子呀！不过，那也只限于秀男先生……”

“你想多了。”千重子低着头走了几步，“要不然，我们三个把事情摊开，好好谈上一次？”

“谈什么呢……有时可以谈点真心话，有时就不行……”

“苗子的疑心就那么深吗？”

“那倒不是，我也有一颗少女心呀……”

“……”

“阵雨从周山那边移到北山来了。山上的杉树也……”

千重子抬头望去。

“赶快回去吧！好像又会下雨夹雪呀。”

“我怕天会下雨，所以带了雨具。”千重子脱下一只手套给苗子看，“这不像是小姐的手吧？”

苗子一惊，两只手紧紧握住了千重子的手。

阵雨在不知不觉中下了起来。千重子不用说，就连住在本村的苗子也没意识到。既不像小雨，也不像毛毛细雨。

听苗子这么说，千重子抬头环视四周的群山。群山清寒地蒙上了一层云雾。山麓下林立的杉树，反倒显得格外分明。

没过多久，群山雾霭凄迷，模糊了轮廓。就天空的模样而言，完全不同于春日云雾的景象，可以说它更像是京都的。

再低头看看脚下，地面已经有点儿潮湿了。

不久，群山蒙上了一层淡淡的灰色，雾霭缭绕。

云雾渐渐浓重，飘过群山后，还夹带着一些白色的东西，便成了雨夹雪。

“早点回去吧。”苗子对千重子说，因为她看见了那白色的东西。说不上是雪，只能算是雨夹雪。但那白色的东西又时有时无。

山谷里的天时不同，已经暗了下来。气温骤然冷了。

作为一个京都姑娘，千重子对北山的阵雨并不感到陌生。

“趁你还未变成冰凉的幻影之前……”苗子说。

“又是幻影啊……”千重子笑道，“我带着雨具啊……冬天的京都气候多变，一会儿又会停的。”

苗子看看天空说：“今天我们就回去了吧。”她紧紧握住千重子那只没戴手套的手。

“苗子想过结婚吗？”千重子问。

“偶尔想过……”苗子回答，并充满爱意地为千重子戴上那只脱下的手套。

这时候千重子又说：“到我们店铺来一次吧！”

“……”

“来吧！”

"……"

"等到店员们下班以后。"

"是在晚上吗？"苗子吃了一惊。

"过夜吧。苗子的事情爸爸妈妈都知道。"

苗子的眼里浮现出喜悦的神色，却又有一点踌躇。

"至少住上一晚吧，让我们姊妹一起睡。"

苗子站在路边，转身背着千重子，流下了眼泪。千重子自然不会不知道。

千重子回到室町的店铺时，这一带的街道只是阴天而已。

"千重子，你回来得正好，还没有下雨。"母亲阿繁说，"你爸爸在里屋等你哪。"

父亲太吉郎不等千重子打招呼，就探出身子问道：

"千重子，那姑娘怎么说？"

"嗯？"

千重子不知该怎么回答，因为要明白地说清楚并不容易。

"怎么说的？"父亲又问了一句。

"嗯。"

千重子明白苗子的意思，但有些地方也不是很明白。——秀男是想与千重子结婚的，但因为难以如愿，只好死心，转而向与千重子酷似的苗子求婚。苗子作为一个姑娘，自然能敏锐地察觉到这一点，便对千重子说起“幻影”这套怪论。难道说秀男真的想用苗子来满足他渴望与自己结婚的心情吗？千重子觉得，这样想倒并非完全是自己的自负。

但是，说不定事情并不仅仅如此。

千重子不敢正视父亲，羞得连脖子都红了。

“苗子那姑娘，只是想看看你吗？”父亲说。

“是的。”千重子毅然地抬起头，“听说大友家的秀男想与苗子结婚。”千重子的声音有点儿发颤。

“嗯？”

父亲看着千重子，缄默了片刻。他好像觉察到了什么，但并没有说出口。

“是吗，和秀男？要是和大友家的秀男，那也不错。说句实话，每个人都有自己的缘分。或许这也是千重子的缘故吧？”

“爸爸，我觉得苗子是不会与秀男结婚的。”

“哦？为什么呢？”

“……”

“为什么呢？这亲事我倒认为不错……”

“并不是好不好的问题。爸爸还记得吗？您在植物园时曾说过，要把秀男入赘给千重子如何的话。那姑娘是了解那层意思的。”

“咦？那是怎么回事啊？”

“她似乎还考虑到秀男家与我们家的店铺多少有点生意上的关系。”

父亲的心灵受到了感染，不吱声了。

“爸爸，我求您一件事。让她来我们家住上一晚吧。”

“当然可以。那有什么……我不是说过，就是收养她也行。”

“那她是绝不会同意的。就一个晚上……”

父亲相当怜爱地注视着千重子。

这时，传来了母亲关防雨套窗的声音。

“爸爸，我去帮一下忙就来。”千重子说着站了起来。

阵雨静悄悄地落在屋檐上。父亲坐在那里，一动不动。

水木龙助和真一的父亲，请太吉郎到圆山公园的左阿弥吃晚饭。冬季日头短，从高高的客厅俯瞰，城区已是灯火点点。天空是灰暗的，不见晚霞。街市除了灯火，也是一片灰暗。那是京都冬季的色彩。

龙助的父亲是室町街上的大批发商，很会做生意，为人可靠，但今天说起话来总有点吞吞吐吐，净说些无聊的传闻来打发时间。

“说实在的……”水木借着酒力终于点到了正题。太吉郎虽然平日里优柔寡断，日渐厌世，但大概也能猜到水木先生想说些什么。

“其实嘛……”水木犹豫地说道，“大概您从令爱处也听说了一些我家龙助的情况吧？”

“是啊，我这人虽不中用，但还是理解令郎龙助的好意的。”

“是吗？”水木如释重负，“那小子很像我年轻的时候，一旦打定主意，谁都阻止不了。真叫人没办法呀……”

“我倒是非常感激他。”

“是吗？您这么表态，我就放心了。”水木果真摸了摸胸口，“那就请您多多包涵。”

他说完，便恭敬地鞠了一躬。

太吉郎的店铺日渐衰败，可要是请同行中的年轻人帮忙，总归是种耻辱。倘若说是来见习，那从两家店的规格来看，应该反过来才对。

“对于敝店来说，真是求之不得呀。不过……”太吉郎说，“贵店少了龙助少爷，恐怕会有不便之处吧……”

“这是哪里的话。在生意方面，龙助只是个新手，并不知道多少。但在我这个父亲看来，怎么说呢？他这人还是靠谱的……”

“是啊，他来到敝店，忽然板起脸坐在掌柜面前，叫我也吃了一惊。”

“他就是那么个小子。”水木说着，又默默地喝起酒。

“佐田先生。”

“嗯？”

“若是龙助到府上帮忙，哪怕不是天天去，他的弟弟真一也会有所成长，可以帮帮我的忙。真一的性格温柔，龙助直到现在还不时嘲笑他是‘童子小哥’，真不像话……就因为真一曾在祇园祭上坐过彩车……”

“真一长得眉清目秀，同我家千重子从小就是同学……”

“千重子小姐呀……”水木再次语塞了。

“千重子小姐……”水木重复道，语气有点儿发怒，“你怎么会养育出那么漂亮出色的小姐啊！”

“这不是父母的本事，而是那孩子天生的……”太吉郎直率地回答。

“想必佐田先生也一定明白，府上与我们算是同行。龙助之所以要去府上帮忙，无非是想在千重子小姐身边多待上一时半会儿的。”

太吉郎点了点头。水木擦了擦额头的汗，龙助的前额与他的十分相像。

水木接着又说："这小子虽然不起眼，但很能干。我绝不敢有任何勉强的意思，但有朝一日，如果千重子小姐对龙助还算中意，恕我冒昧，能否请佐田先生招婿入赘？我可以废除他作为长子的继承权……"他说着又低头施礼。

"废除……"太吉郎完全被吓住了，"这么大一家批发店的继承人……"

"这件事并不只是一个人的幸福。最近我看到龙助的模样，便产生了这一想法。"

"承蒙厚爱，但这件事还得看两个年轻人今后的情感发展。"太吉郎避开水木的锋芒说，"千重子是个弃儿。"

"弃儿又怎么啦？"水木说，"我说这些话，是想让佐田先生心里有个数。龙助去府上帮忙，您看行吗？"

"那好吧！"

"多谢，多谢！"水木看上去满心欢喜，举杯饮酒的模样也不同了。

第二天清晨，龙助早早来到太吉郎的店里，立刻把掌柜和店员们召集起来，开始盘点货品：漆染绸、白绸、刺绣绉绸、一越绉绸、绫子、特等绉绸、平纹粗绸、裲裆长罩衫、长袖和服、中袖和服、和服礼服、花锦缎、缎子、高级印花绸、出客礼服、织锦腰带、里子绸、和服饰物……

龙助在一旁看着，一言不发。自上次打过交道后，掌柜在龙助面前异常谨慎，连头都不敢抬一下。

龙助虽被挽留，却还是在晚饭前回去了。

当天晚上，苗子“笃笃笃”地敲着格子门，那声音只有千重子听得见。

“呀，是苗子。从傍晚起天就冷了，你来真是太好呀！”

“……”

“星星都出来了。”

“千重子小姐，见了你的父母亲，我该怎么打招呼呢？”

“你的事我都向他们介绍了，见面说‘我叫苗子’就行。”千重子拥着苗子的肩头走进屋里，“晚饭吃过了吗？”

“我在那边吃了寿司来的，别张罗啦。”

苗子有点儿拘谨。千重子的父母见到她，惊讶得都说不出话来。他们都想不到竟会有如此相像的姑娘。

“千重子，你们上二楼去吧。两个人好好聊聊。”还是母亲阿繁反应灵敏，最能体贴人。

千重子拉着苗子的手走过窄窄的走廊，上到后面二楼，点上了暖炉。

“苗子，你来一下。”她把苗子叫到穿衣镜前，凝视着两人的面庞。

“太像了。”千重子感到浑身热乎乎的。两人左右调换位置，再看了看。“一模一样啊！唉。”

“孪生姊妹嘛。”苗子说。

“人类要是都光生双胞胎，那会成什么样子啊？”

“准会是老认错人，很麻烦的。”苗子退后一步，眼睛湿润了，“人的命运，真是不可捉摸啊！”

千重子退到了苗子身边，用力摇着苗子的双肩。

“苗子，你不能一直住下来吗？爸爸妈妈都这么说了……我独自一人也很孤单……尽管你在杉山那儿的生活相当快乐……”

苗子好像站不稳似的摇晃着，跪了下来。她摇着头，泪水滴落在膝头。

“小姐，迄今为止，我俩的生活境遇不一样，教养也不相同。我未必能过得惯室町这儿的生活。我只要到府上来一次，只要一次就行了。我也想穿上你送我的衣服，让你看看……再说，小姐已经到杉山去过两次了。”

“……”

“而且，父亲那时抛弃的婴儿是小姐你呀！尽管当时我什么也不知道。”

“那些事，我早就忘记了。”千重子毫不介意地说，“我现在也不会去想，我还曾经有过那样的父亲。”

“我想父母亲也算是得到报应了……尽管那时我还只是个婴儿，请你原谅。”

“这事你有什么责任和罪过吗？”

“倒不是这个意思。我以前也说过，我绝不会妨碍小姐的幸福。”苗子压低了声音说，“所以我还是销声匿迹的好。”

“那怎么行。你这是什么话……”千重子使劲地说道，“这样太不公平了……苗子，你觉得自己不幸福吗？”

“没有，只是觉得孤独。”

“幸福是短暂的，而孤独却是长久的，你说是吗？”千重子说，“我们躺在床上再慢慢聊吧。”她从壁橱里搬出了被褥。

苗子一面帮忙，一面说：“幸福大概就是这样的吧。”她侧耳倾听着屋檐上的声音。

千重子见苗子侧耳倾听，便问道：

“是阵雨？雨夹雪？还是阵雨里带着雪花？”说着，千重子也停下手。

“谁知道呢，或许是雪花吧。”

“雪？……”

“这样静谧，不是平常下的雪，是细雪。”

“嗯。”

“山里常常会下这种细雪。我们干活儿的时候，不知不觉中，杉树叶的表面就会变成一片白色，像花儿似的。连那些落叶树，细小的枯枝上都变成了一片白色。”苗子说，“真是美极了！”

“……”

“有时下一会儿就停了，有时会变成雨夹雪或是阵雨……”

“要不要打开防雨套窗看看？看一眼就明白了。”千重子说着要起身过去，却被苗子抱住了。“不要开了，天冷，你会幻灭的。”

“什么幻呀幻的，苗子就爱说这个字。”

“幻影吗……”

苗子娇美的脸上绽开了微笑，却隐隐有一丝凄婉。

千重子刚要铺床，苗子赶紧说：

“千重子，请让我为你铺一次床吧。”

两床被褥并排紧挨着，千重子默默地钻进了苗子的被窝。

“啊，苗子，好暖和！”

“干体力活儿的毕竟不一样，住的地方……”

苗子紧紧搂住千重子。

“这样的夜晚，总是很冷的。”苗子一副完全不惧寒冷的样子，“细雪下下停停，停停下下……今天晚上怕是……”

“……”

这时，父亲太吉郎和母亲阿繁像是走进了隔壁的房间。由于上了年纪，他们用电热毯暖被窝。

苗子凑近千重子的耳边说：

“你的被窝已经暖和了，我到边上睡啦。”

母亲把纸槅门拉开一条缝去看两个姑娘的卧室，那已是以后的事了。

翌日清晨，苗子早早起床，摇醒了千重子。“小姐，这是我一生中最幸福的夜晚。趁没人看见，我先回去了。”

正如苗子昨晚所说，夜间的细雪果然下下停停，到此刻还在飞扬着。这是个寒气袭人的黎明。

千重子起来说：“苗子，你没带雨具吧？请等一下！”她把自己最好的天鹅绒外套、折叠雨伞和高齿木屐备齐，全拿给了苗子。

“这些是我送给你的。还要再来呀！”

苗子摇了摇头。千重子扶着格子门，目送着她远去。苗子始终没有回头。千重子的额发上洒落下少许细雪，瞬间就融化了。整个街市仍在沉睡，一片寂静。

（一九六一年—一九六二年）

十六岁的日记[1]

1　作者说，括号中的文字系 27 岁时加入的说明。

五月四日

从中学回到家大约五点半。为了避免客人来访，屋门关得紧紧的。家里只有祖父一人躺在那里，有人来不好办。（祖父患白内障，当时已经失明。）

“我回来了。”我喊了一声，没人回答，屋内仍是一片静谧。我感到寂寞和悲哀，来到祖父枕边不到两米处又说：

“我回来了。”

在靠近一米处，厉声说：

“现在我回来了！”

距祖父的耳朵五寸：“我已经回来了。”

“哦，是嘛！从早上起没让你帮着尿尿，只好哼哼着等你，而且，一直朝西躺着没翻身，只能哼哼，是朝西躺着的吧？唉！”

“用把力，身子往上抬抬……”

“哎，这样就行了，盖上被子吧。”

“还不妥帖，再来一下。”

“何必那么（七个字不明）……”

“哎，还不行，再重来一回！来吧！”

“啊，这下舒服了。帮我翻得好。水开了吗？待会儿还得帮我撒尿吧。”

“等一会儿嘛，哪有那么一下都做成的？”

“是呀！我晓得，总得先说好。”过了一会儿，祖父又说：“孙儿，丰正孙儿，快呀！”话声毫无气势，像是从死人嘴里出来的。

“帮我撒尿吧，帮我撒尿吧。唉！”

祖父在床上一动不动，就这样呻吟着。我有点茫然不知所措。

“咋办呀？”

“去拿尿壶来，帮我塞进去。”

没法子，只好剥下祖父的裤子，很不情愿地按照他的吩咐办了。

“进去了吗？好了吗？放进去，不要紧吧！”难道祖父自己的身体感觉不到吗？

“啊，啊，疼，疼呀！疼呀！啊，啊——！”祖父小便时会疼痛。他痛苦得不断喘息，同时尿壶底部传来山谷溪流的清水声。

“啊，真疼呀！”听着这般难以忍受的声音，我热泪盈眶。

水开了，便让祖父喝茶，是粗茶。服侍祖父一点点喝下去。祖父骨瘦如柴的脸、大部秃顶的白头发，哆哆嗦嗦、皮包骨头的手，咕嘟咕嘟、一饮一动的细细长脖上的喉结。饮水三杯。

“啊，好喝，好喝！”他咂着嘴说，“靠它补元气呢。你给我买来过好茶，不过，听说喝多了有害，还是喝粗茶好。”

稍隔片刻，祖父又说：

“给津之江（祖父妹妹的村子）的明信片寄出了吗？”

“寄了，今早寄的。”

“啊，是吗？”

哎，莫非祖父已经意识到了“某种东西”？这是一种预感。（祖父让我给他很少通信的妹妹发明信片，请她来一次，这使我恐惧：莫不是祖父已预感到自己的死亡？）——我凝视着祖父苍白的脸，直到自己的眼睛变得模糊为止。

我在看书，觉得有人来了。

“是美代吗？”

“嗯。”

“怎么样？”

我突然感到心中巨大的不安，从桌边转过身来。（当时，我在客厅里放了一张大桌子。那位名叫美代的，是五十岁左右的农家妇女，每天一早一晚从自己家里来，帮我烧烧煮煮，做些别的杂事。）

“今天我去对他说了，因为年龄七十五岁，所以一直躺在床上，已有三十天，吃得下，大便却不通畅，因此前来讨教。对方说，年龄够老的，但不会有什么意外，算是老年病吧。”

两人都长长地叹了口气，美代继续说道：

“对方说，吃得下拉不出，是肚子里的怪兽吃掉了。虽然没说要让他比现在吃得更多些，但却说，那怪兽喜欢喝酒。我问该怎么办才好，他答：‘让病人去讨妙见菩萨的画卷，用幸运香熏房间。’——虽说有怪兽附体，但只要调整时间，就不会有什么特别的大患。不过，原来他连一片干松鱼也咽不下，可近来寿司啦、饭团什么的，一口就能吞下。哎，他那喉结吃一口动一下，发出咕噜咕噜的声音，真叫人放心不下。狐仙降为巫女那阵子，只要她出现，喉结就咕嘟咕嘟地往下动。再说，他上次还喝过不少酒哪。今天算的命，不知说得准不准呀。”

“怎么说呢！”

我没有勇气当面断言她这是迷信。我受到一种说不出的不安的袭击，全然不知所措。

“回来后，我说去五日市（村名）看过大夫，他就问：‘对方没说我会死吗？’我告诉他，大夫说不会，不会有意外，却说是上了年纪的病，总是灾祸呀。大便已三十天不顺，最好带他来看一次才好。

“还有，我回来就立刻点起了线香，并说：‘自古以来这个家气正，不会有那玩意儿（怪兽）平白无故来害人。’要想得到饭茶的话，就说一句想要，马上送去。快滚，滚！我想理直气壮地把它撵走。明天要在屋子的西北角落里供上茶饭，为了驱邪，不是说还得从仓库里拿出一把刀来吗，磨快刀刃，放在卧室下方。明天，我再到狐仙处去讨教讨教。”

“真是奇妙，那是真的吗？”

“唉，就当真的做呗。”

——我来到祖父的枕边。

“爷爷，小野原（村名）一个名叫狩野的人来信了，你借过他的钱吗？”

“啊，借过。”

“啥时借的？”

“七八年前。”

“是吗？”

又是突然冒出来的！（因为祖父四处借钱，此时，一笔笔都找到了我的头上。）

“你怎么还得了啊！”美代说。（因为我曾经找美代商量过钱的事。）

——晚饭时，祖父吃起紫菜卷寿司。啊，啊！那不是怪兽在吃吗？瞧，他的喉结在动。事实上，食物进了人的嘴中，真是荒唐！不过，“怪兽在吃”这句话，已深深印在我的脑海中，不肯离去。我从仓库里取出一把剑，在床的上方挥动，又将它放到棉被下，事后连自己都觉得好笑。可美代却十分认真，她看着我在砍杀屋子里的空气，从一旁鼓劲：

“对，好！”

若是有旁人看见，准会认为我是个疯子，不知会怎么笑话啊。

不久，天黑了。

“美代，美代！”微弱的呼叫声在夜幕中颤抖。每当这时，正在读书的我，总能听到走去服侍祖父的美代的脚步声。之后，美代大概回家了，我去给祖父饮茶。

“嗯，是这样。好，好！大口喝。嗯，大口喝！”祖父的喉结在咕嘟咕嘟地动。这是“怪兽”在喝吗？荒唐！荒唐！会有这种怪事吗？我已是中学三年级的学生了……

“啊，好喝。茶好！淡泊者好。太好吃的东西不行。啊，好喝！——烟呢？”

将油灯贴近祖父的脸一照，见他的眼睛微睁着。

“怎么啦？”他说。哦，祖父这双我一直以为再也不会睁开的眼睛现在居然睁开了。我很高兴，仿佛一道光明照亮了黑暗的世界。（我并不认为祖父的失明可以治愈。当时，祖父的眼睛是一直紧闭的，我担心他会那么死去。）

——在我写上述文字的时候，我想了许多。好几次为刚才的挥剑感到好笑。真蠢！但是，“肚子里有怪兽在饮食”这句话牢牢地盘踞在我的心头……此刻差不多快到九点了。“怪兽附体”，根本不存在，这念头越来越明确，脑子好像清洗过了一样。

——十点十分，美代为让祖父撒尿而赶来。

“想翻身哪。现在这是朝哪边呀？嗯，对了，是朝东边吧？”

美代说：“来，用点儿劲儿！”

“嗯……”

“再来一下。”美代又说。

“嗯……”痛苦的声音，“这不朝西了吗？”

“你也可以休息了，我也该回家了，事情都做完了。”

一会儿，美代回去了。

五月五日

早晨，麻雀开始鸣叫时，美代来了。

“是吗，两次？在十二点和三点起来帮他尿尿了吧，你那么小，真难为你了。你一定觉得这是在给祖父报恩吧……生了孩子就不在我这儿住，阿菊哪，虽然知道生孩子却不知道养孩子。”（阿菊是美代的儿媳，当时刚刚生下头一个孩子。）

给祖父报恩——这句话使我感到极大的满足。

我去上学，学校是我的乐园。学校是我的乐园——这句话难道不是最恰如其分地反映了现时我的家庭状况吗？

——傍晚六时，美代来了。

“我去过了，还是同样的说法。真奇怪，据说也不一定是怪兽，但总是招了灾‘邪魔附体’的，不会有不懂道理的人，‘可还是会吵闹的吧’……说是上了年纪的病，还说：‘不会突然升天，但是身体会渐渐地虚弱下去。’”

渐渐地虚弱下去。——这句话在心中几度徘徊，我叹息道：“是吗？”

“还有，狐仙的话还是说中了，不是说‘近来会好一点，不会再乱吃乱喝了’——今天挺老实的，看上去像个孩子呢！”

狐仙居然能说准病人的状态，这叫我不可思议，我又开始迷惑：灾祸——“邪魔附体”，真会有吗？

用家中仅有的钱买来线香，烟雾在窗边盘旋，利剑明晃晃地横放在地上。

美代说：“到夏天就麻烦了。”

“为什么？”

“农民田里的活儿忙了，我也没法过来了。看这模样，恐怕再不会坐到火盆边上去了吧！”

啊，在我写完这一百张稿纸的时候，在我写完之前，祖父的身体，不幸的祖父的身体会变得如何呢？（我准备了一百张稿纸，打算将这样的日记连续写满百页。我担忧，在我写满这一百页之前祖父可能就会死去，或者日记写满百页祖父得救了。——我总是怀着这样的心情。此外，正因为觉得祖父可能会死，所以才想到用这种日记的形式，至少把他的面影记录下来。）

——病人说话暂时不再自相矛盾了，然而，“邪魔附体祸害人”，究竟是迷信呢，还是真的？

五月六日

“孙儿去上学了吗?”祖父问美代。

“不，现在已是晚上六点了吧。”

“哦，原来这样。哈哈哈哈……”这是寂寥的笑声。

晚饭时两条细细的紫菜饭卷，让人放到嘴里囫囵吞咽下去。

“吃得太多了吧?”今天他会这样问了。我在浴室里听到这话时心想：这可不是常有的事。不一会儿，祖父又说：

“时间还早吧，可肚子很饿呀，你在孙儿之前先给我吃了吗?”

“刚才不是给您吃过了吗?”

“是吗?”

再没听到他说别的，又传来那一种笑声。我泡在浴水中很孤单。

——夜间，家里只有挂钟和气灯的声响。从漆黑一片的里屋，断断续续地传来“难受，难受，啊，难受啊”的声音，仿佛在向苍天倾诉似的呻吟。俄顷，这声音停止，又恢复了宁静。继而又传来了短促、痛苦的声音：“嗯，嗯，啊，难受！”

在我睡觉之前，这短暂而痛苦的声音时而中断，时而持续。

听着祖父的呻吟，我心中反复响起“不会突然升天，但是身体会渐渐地虚弱下去”的话音。祖父的意识一点点清醒起来，恢复了常识，胡乱进食已有控制。

然而，身体却在一天天地……

五月七日

“昨夜，一次因小便，另有两次因翻身啦、喝茶什么的被叫起。爷爷还责怪我不快点起来，他叫累了要断气的。可是，我睡的时候已经要十二点了，怎么也醒不过来。”

早晨，我等美代来，向她倾诉。

“真可怜，要是头疼好的话，我也会在你家待到十二点的，中午也来两个小时。你爷爷说是哭着过日子的。我每隔一小时就来。”

昨夜熟睡的我被祖父喊醒，病人净说些不明所以、强人所难的话。我气得要骂人，可再平静地想想自己是个不幸的人，又悲痛地流泪。

——我要去上学的时候，祖父问：“什么时候我才会好呢？”

话音中九分的绝望，只有一分希望。

“天气稳定了，就会好的吧。”

“太让你受累了，真对不起。”他的话是祈求怜悯的轻声。

“我梦见伊势大神宫的神佛都上我家来了。”

"能信仰大神宫就好。"

"我听到了神佛的声音，这不是一件很值得庆幸的事吗？神与佛不会抛弃我的，真叫人不胜感激。"祖父的话声十分满足。

——从学校放学回来，家门开着，可是，家中一片静谧。

"现在，我回来了。"我说了三遍。

"哦，是孙儿吧，待会儿帮我撒尿吧。"

"是。"

再也没有比这更让我讨厌的事了。我吃完饭，掀开病人的被子，用尿壶接着。过了十分钟还不见出来，可见祖父腹部的力气已丧失到何等程度。在这段等待的时间里，我抱怨地说挖苦话，这是自然的流露。于是祖父一个劲儿地抱歉。而且，他一天天地消瘦下去，一看见他那张苍白的印有死亡阴影的脸，我便觉得自己怪难为情的。

不一会儿，又传来"啊，好疼，疼啊，嗯——"的叫声，微弱而凄厉，听到的人也感到沉重。之后，响起了清晰的流水声。

——夜间。我在乱翻桌子的抽屉，翻出一本《构宅安危论》来。这是祖父口述、自乐（邻村人，祖父的易学和房屋风水学的弟子。这是一本房屋风水学的书）笔录的。

祖父想出版，做过努力，与丰川（大阪的阔佬）商量，但没有成功。这本草稿如今完全被人遗忘，藏在我桌子的里面。唉，祖父的一生当中，没有一个志向得以实现，着手做的事全都失败了，他的心中会怎么想呢？唉，真难为他在这般逆境中一直活到了七十五岁，心脏够结实的。（我一直认为，祖父之所以能忍受悲伤且长寿，是因为他的心脏牢靠。）好几位子孙都先赴黄泉，连个说话的人也没有，既看不见又听不到（他眼瞎耳背），彻底孤独。所谓孤独的悲哀——就是祖父。“哭着过日子”是他的口头禅，对祖父而言，这倒也是真情。

（祖父的八卦和房屋风水说得准，颇有名气，居然有人老远跑来请他看相。所以祖父才想着如果《构宅安危论》出版的话，世上不幸的灾祸就可幸免了吧。当时我对祖父的易学和房屋风水既非相信亦非不信，记得那是一种含混不清的心情。尽管如此，再怎么说是乡下，可身为十六岁的中学三年级学生，不请医生为便秘三十天的祖父看病，却去请狐仙算命，认为是否有“邪魔附体”作祟，如今想来，真叫人哭笑不得。

此外，祖父结识丰川这一阔佬起于寺庙。我们村有个尼姑庵，早年多半是我家祖先建起的，庙的建筑物和山林田地名义上均属我家，尼姑也入了我家的户籍。该寺是黄檗宗，以虚空藏菩萨为本尊，每年“十三拜”那天，附近乡邻满十三岁的孩子都集中到这儿，十分热闹。可是，在我们村北面四公里处有名的山寺中蛰居的圣僧，决定移居到这个寺庙中来，祖父非常感激，撵走了尼姑，放弃了对寺庙的所有的财产名义。寺庙改建得很棒，名字也改了。在兴工修建时，虚空藏和其他五六尊佛像寄存在我家客厅里。托佛像的福，没钱铺席垫而用藤席凑数的客厅里，有了新席的香味儿。信仰者中为新来的圣僧建设寺庙，又为我家客厅铺上新席的，便是这位叫丰川的大阔佬。）

——祖父善良的心地时时有所表现。

今天早晨，美代说：

“我准备了送三十家的生子喜饼，可是有些人家没想到，也来祝贺，喜饼不够了，没法再凑齐。”

“是吗，备了三十家啊，还不够吗？在这个不满五十户的村子里，像你们这样的人家竟有这么多的人来祝贺啊！”

之后，伴随着哭声，祖父居然高兴得流起泪来。（像美代家这样贫穷的雇农，能有这么多人家来祝贺，祖父是为这件事儿高兴。）

——我一直服侍祖父，美代看我可怜，晚上八点回自己家之前，对祖父说：

“尿已经排过了吗？”

“是的。”

“那我待会儿再来一次。”

“我在家，你来也好。”我的话讲了一半，最终没有全讲出来。

五月八日

早晨，等到美代来，祖父絮絮叨叨地数落我昨夜生硬的态度，并抱怨着。我是有不好的地方，但是，半夜里被叫起好几趟，真让人恼火。而且，帮祖父小便令人讨厌。美代对我说：

“净说不满的话，光想着自己，一点儿也不为照料他的人着想，是叫人受不了。你得想着，你们是互为因果的关系，才要照料他的呀。”

今天早晨，我甚至想，什么都不管。每天上学前，我总要问问祖父有什么事，但是，今天一声不吭地出了家门。不过，放学回家时，又产生了怜悯之心。

——美代说：

“今天，我告诉你祖父上次去算命的事。于是他说，你去得好，那时他只迷迷糊糊地记得什么东西都吃上两口，还记得多少东西都能喝下。”

听到这话，我又想起“肚子里的怪兽在饮食”那句话。

——晚饭后，祖父说：

“真是谈得亲密，放心了。”

“放心”一词真是可笑。

“到了这般困境，还放心什么呀？”美代笑着说。

突然，祖父又说：

“差不多可以给我吃饭了吧！”

“你不是刚刚吃过吗？”

“是吗？不知道，忘了。”

我惊异、悲哀。祖父的话声一天天轻下去，没有精神，难以听清，同一句话会反复说上十几遍。

我坐在桌前，摊开稿纸。美代坐着，准备好听取祖父那所谓的亲密的话。（我打算把祖父的话原封不动地记录下来。）

“我说，孙儿，银行的图章你知道吗？是吗？在我有生之年不能用。（不知道是为什么。）——啊，我做砸了许多事，败光了老祖宗的财产，不过，一生还是奋斗过的，不是还要去东京见大隈先生（大隈重信侯）嘛。枯坐在家里居然变得如此衰弱了。——啊，松尾有田地十七町[1]，我一门心思地要在自己的有生之年将它完全变成孙儿的财产，然而还是没办到。（祖父年轻的时候做过诸如栽培茶树、制作寒天等各种事业，但悉数失败，又想到测房屋风水，把

1　面积单位，1 町约合 9917 平方米。

房子造造拆拆，不时重建。如此，一次又一次地把田地和山地三钱不值两钱地卖掉。丧失的财产，一部分如今全落在名为松尾的制造滩造酒的老板手中。因此祖父时常想着，至少要把这些财产弄回来。）要是孙儿有上十二三町田地，那就不怕了。大学毕业后可以不必那么忙个不停了。靠岛木（叔父家）和池田（伯母家）照料，孙儿真是可怜呀！那些田若是孙儿的，我就是死了也得与御前师傅（前文写到的到新寺庙来的圣僧）谈妥，这个家有孙儿一人就能维持。要是像鸿池（有钱人的代用语）那么有钱，就不要当小职员了。为了实现我的想法，我本打算到东京去的，可惜没去成。说不行，又不甘心就此度日。必须早一点儿让孙儿成为可靠的一家之主，他是不会一辈子靠人照顾的。要是眼睛看得见，到大限先生那儿走一趟，也算不了一回事。唉，我怎么都想上东京去，要去和慈光师傅、瑞圆师傅（新寺庙中圣僧的弟子）及西方寺（村里的檀家寺）谈谈！”

“你这么做，会被人家说成是东村的疯子的。”

（祖父想去东京见大隈重信是有其自身的目的的。他多少懂得一些中药的医术，加上父亲又是毕业于东京医校的医生，因此，他从父亲那儿又看会了几分西医医术，把它加入自己的中医药术中，在很长一段时间里，为乡下人开药方。再说祖父又是一位对自己配方的药术有着顽固自信的人，使他的这种自信变得更强的是村中流行赤痢之时，也就是前文写到的尼姑庵改建，庙中的佛像放在我家客厅里那年的夏天。只有五十户的村子里，可以说平均每家有一人得赤痢，这引起了混乱，导致新建了两处临时收容医院，连田里都闻得到消毒剂的气味。村里人都说，这是搬动了尼姑庵中古佛像的缘故。但是，祖父用药减轻和治愈了一些赤痢，他把患者隐藏起来，悄悄地让他们服用自己的药，患者因此得救。在临时收容医院里，有的患者扔掉医院的药，服用祖父的药，医院不管的人靠祖父的药得到了治疗。在医学方面，祖父的药究竟有多大的价值不得而知。总之，他的药效果神奇却是事实。因此，祖父考虑要推广这种药，而且，后来还让自乐［前面出现过的人］写下申请书，从内务省获得了出售三四种药物的许可。但是，他只是印刷了五六千张名为“东村山龙堂”的店号包装纸，生产药物的工作却没有进行，这些药物祖父至死不忘。此外，他似乎还有一种孩子般的确信：只要去东京见到尊敬的大人物大隈重信就可以得到帮助。除了药物，他应该还想到了《构宅安危论》的出版等事宜吧。）

“这个家从北条泰时开始，已经持续了七百年呀，还会照样持续下去，会顺利地恢复过去的繁荣。”

“您在说大话吗！您那口气好像马上就会实现似的。”美代笑了。

“在我还活着的时候，不要岛木和池田家来照顾。唉，家里会变成这等模样，真没想到呀。美代，想来真是悲伤。你听我说，我是这样考虑我的心情的。”

美代觉得好笑，打刚才起她就不停地大笑。我则仍旧在继续记录祖父的话。

“不过还有一口气罢了，我的身体弱极了。要是只要两三千元还可以想想办法，但他们却要十二三万元。唉，要的是做不到的事。要是我不去，大隈先生上这儿来也好。你觉得可笑吗？别那么笑话我，别看不起人。我就是能实现无法如愿以偿的事。我说，美代呀，要是真做不到，这七百年之久的家也就完了！”

“您这么说，是在安慰孙儿吧。说这种摘天上星星的话，为此焦虑不安，对您的病可有害啊！”

“我是傻瓜吗？”祖父的声音严厉了，“只要活着，啊，哪怕一生就只一次，我都想见见那位老人（大隈先生），总是退缩是不行的。哎，即使成佛，也想保留这点小小的心愿。在你看来我挺傻吧。能让我撒泡尿吗？这也无法实现的话，那么什么时候掉进湖里淹死也不足为惜了。唉！”

我的心很平静，很悲伤，我笑不出来，板着脸一字一字地写着。美代也止住了笑，用手撑着脸颊听着。

“一想到要去东京，我的身体就变成这副模样，净给人找麻烦。南无阿弥陀佛。南无阿弥陀佛。这个愿望不能实现，那还是掉到湖里去淹死的好，真是个没出息的人哪！南无阿弥陀佛。南无阿弥陀佛。哎，我一说起振奋心情的话就被人笑话，唉，这样的社会我不想待了！南无阿弥陀佛。南无阿弥陀佛。”

我觉得油灯光暗淡了。

“嗯，嗯。”痛苦的叫声渐渐地高起。

“不是说在世上畏首畏尾、能够长寿就可以了，哎，五十年间以相同的心愿生活的人是总理大臣。（当时大隈侯是总理大臣。）唉，无法动弹叫人遗憾，遗憾啊！”

美代安慰祖父说：

“这是大家不走运。不过，孙儿要是出息了，不是也很好嘛！”

“你说会出息，很有限吧。”祖父大声说着，突然紧盯着我看。——哎呀，这个老朽。

“话是这么说，可有钱的阔佬也不能说就叫人羡慕。您看看松尾，再瞧瞧片山！还是要靠本人的根性。”（名叫松尾的酒铺和名叫片山的我家的亲戚，那时候家业均已衰落。）

“南无阿弥陀佛。”

在油灯的照射下，祖父的长胡子发出银光，十分寂寞。

“这世道，我一点儿也不留恋，比起这世道，还是世道的那边重要。不过，光是畏畏缩缩的，也不能达到极乐世界的。”

“上次你祖父说，有事和西方寺的和尚商量，要我去叫他来，但是，他总是说不在，不在，所以你祖父很生气。”美代等祖父停下话头，告诉我祖父不高兴的原因。我听了也生气，很同情祖父，和尚又何必骗人呢？

“在这人间，你不过是个还没毕业的中学生呀。唉！”

今天，祖父特别小瞧我。

又过了一会儿，祖父翻过身去，面向那一边睡了。我打开明天要考试的英文教科书，我的世界就像被推入一个一寸见方的物体中，又挤又局促。今晚祖父的声音已经不是这个世上的声音了。我不时地想，等美代回家后，我要把自己将来的希望告诉祖父以示安慰。夜深了，突然祖父说：

“人的一生，目标很难预定呀！”这话声犹如发自肺腑的深处。

“是啊，是很难的。”我应道。

五月十日

早晨发生的事。

“和尚还没有来吗？”

“是的。”

“最近，自乐先生一次也没来过嘛。本来他不是每天都来的吗？我想请自乐先生相一相面啊。”

“相面不会和上次有什么变化的，不会那么快就变的。”

“再请他相一次面，然后再见和尚，与他商量，非得实现我的志愿不可。”

他的决心由坚决的语调表现出来。

“我想与自乐先生见上一面。”

“像自乐那种人能管什么用呢？”我自言自语地小声嘀咕。

五月十四日

“美代，美代，美代！”祖父的叫声吵醒了我。

“什么事呀？”

“美代来了吗？”

“还没哪，现在刚夜里两点。”

“是吗？”

此后直到早晨，祖父不到五分钟就叫一次美代的名字，我在似睡非睡中听到他的叫声。美代在五点左右来了。

——放学回家后，美代告诉我：

“今天他净说些为难人的话，一刻也不能离开，一会儿尿尿，一会儿翻身，一会儿要茶要烟，从早上到现在，我还一次都没回家去过呀！”

“应该叫医生来看看才对。”

以前我就这么想，但是请个好医生要花钱，而且，祖父根本不承认医生，让医生瞧病要发火，我担心，怕他当面骂医生叫人尴尬。今天早晨他还说：

“医生嘛，不就是指甲剪嘛！”

——夜间。

“美代，美代，美代！”

我故意不搭理他，轻轻地走到他耳边问：

“什么事呀？”

“美代可以算啦，连早饭也不让吃。”

“您不是刚吃过晚饭吗！连一小时都没到哪。”

祖父的表情变得很迟钝，搞不清他是否听懂了。

“要帮您翻身吗？”

祖父轻声嘟哝了些什么，但是听不懂，再问他也不回答，真叫人不放心。

“给您喝茶吧？”

“哎，这种茶，有点温热。这种茶，太凉了。这种茶真不可思议。”

祖父的声音令人讨厌。

“随您的便吧。”我默默地离开了他的枕边。

过了一会儿，祖父又叫起来：

“美代，美代！”

他绝不会叫到我的名字。

“什么事呀？”

“今天去池田（伯母家，在镇上离我家二十多公里）那儿见了荣吉伯父吗？”

“哪儿去过池田呀？”

"是吗？那你上哪儿去了？"

"哪儿都没去！"

"真是不可思议。"

祖父为什么要说这些话呢？我更加觉得不可思议。在我做作文作业的时候祖父又不停地叫了起来：

"美代，美代，美代！"

他的叫声变得高亢而气急憋闷。

"什么事呀？"

"帮我尿尿吧！"

"是。美代已经走了，现在是夜里十点多了。"

"让我吃过饭了吗？"

我愕然。

祖父的脚和头布满粗大的皱纹，宛如穿旧的尽是褶皱的丝绸单衣，将他的皮肤捏起来再放开，会就此固定不回原处。我担心极了。今日，只要有借口，祖父净说些令我生气的话，我觉得每当这时，祖父的脸渐渐变得凶恶而阴险。在我入睡之前，祖父时断时续的呻吟使我的脑中充满不快。

五月十五日

从今天起，美代有事换了常婆（经常来往人家的老太太）来，我从学校一回家就问阿常。

“阿常婆，祖父说了什么难为人的话吧？”

“不，什么也没说。我去问他有事吗，他说想撒尿，挺老实的。”

我觉得祖父的这种客气真叫人无限怜爱。

今天祖父看上去很痛苦。我想尽量想办法安慰他。

“嗯，嗯。”分不清是回答还是喘息，他只是一再发出这声音，断断续续的十分难受的呻吟声在我的脑海深处回荡，我感到痛苦，恰似自己的生命被一寸寸切下来扔掉了似的。

“哦，哦。美代，美代，美代，美代，美代。哦，啊，啊——”

“什么事呀？”

“尿流出来了，快，快接。”

“好了，接住了。”

拿着尿壶候了五分钟，祖父又说：

"快接尿。"

他的感觉也已麻木了。我可怜他，并感到悲哀。

祖父今天有体温。家中飘溢着一种令人厌恶的臭味儿。——我面对书桌在读书。长长的、高声的呻吟声。这是一个五月的雨夜。

五月十六日

傍晚五时左右，四郎兵卫（分户的老人。虽说是分户，其实不过是名义上的，毫无血缘关系，祖父并未与他有什么亲密的交往）来探望，给了祖父许多安慰。

“嗯，嗯”的呻吟便是祖父的回答。四郎兵卫又提醒我许多事，说：“你还年轻，真是够受的，拜托你照顾了。”

说罢，便回家了。

过了七点，我说：“我去玩一会儿。”随后跑出家门。十点左右回到家，听见祖父“阿常、阿常”的难受的叫声，便急忙问：

“什么事呀？”

“阿常呢？”

“已经回家了。十点钟了。”

“阿常是不是没给我吃饭？”

“吃过了！”

“肚子饿了，给我吃一点吧。”

“饭没有了。”

“是吗？真难为人啊。”

这样完整的话没碰到过，总是一而再、再而三地重复固定无聊的话。我说的话他只是听听，立刻就忘，再问相同的事。真不知道他的脑子怎么了。

后　记

日记到此结束。写下这些日记的十年之后，我在岛木叔父的仓库里找到的日记就是这些，用中学的作文纸写了三十页。大概只写了这些吧，后面没再写下去。因为祖父是在五月二十四日夜里去世的，而这份日记的最后一天是五月十六日，写到祖父去世八天前。十六日以后，祖父的病情进一步恶化，家中陷入混乱，所以顾不上记日记了吧。

然而，当我发现这些日记的时候，最令我感到不可思议的是，这里所记录的每一天的生活，我一点儿也记不得了。若是我已经忘记，那么这些日子的生活跑到哪儿去了呢？在何处消失了呢？对于人会消失在以往之中的现象，我做了思考。

不过，这些日子的生活毕竟生存在叔父仓库角落的皮包里，现在，我的记忆恢复了。这个皮包是当医生的父亲出诊时用的。叔父近来因投机失败破了产，连房产都赔了，在仓库交割之前，我想那儿不知是否还有我的东西，便去翻了翻，于是发现了这个上着锁的皮包。我用旁边一把旧刀割开皮包，里面有许多我少年时代的日记。此外，还夹杂着这些日记。我直接看到了自己业已忘却的过去的诚实的心情。日记里的祖父，比我记忆中的形象来得丑陋，是我的记忆在十年之中把祖父的面貌不断地洗清了。

虽然日记中的那些日子记不得了，但是医生第一次上门时和祖父临终那天的事却还记得。祖父平时对医生抱着一种极端轻蔑和不信任的态度，可是见到医生后又轻而易举地信赖起医生来，流着泪表示感谢。倒是我产生了一种完全被祖父背叛了的心情，这位祖父真叫人可怜、心痛。祖父是在昭宪皇太后大葬之日的夜里去世的，我在犹豫，去不去出席中学的遥拜仪式，却又担心，我不在的时候，祖父会不会死去。美代帮我去问祖父。

“这是日本国民的义务，你去吧！”

“您能活到我回来吗？”

“会活着的，你去吧！”

因为八点的遥拜仪式好像已经来不及了，所以我匆忙赶路，木屐的带子断了。（当时，我们中学穿和服。）我垂头丧气地回到家，没想到美代说这是迷信，又鼓励了我。我换了双木屐，再赶去学校。

遥拜仪式结束后，我突然感到极其不安。我记得镇上家家户户都点着追悼的灯笼，可以断定那时是黑夜。我脱了木屐，光着脚，一口气跑了六公里回到家。当天夜里，祖父活到十二点以后。

祖父去世那年的八月，我舍弃老家，由叔父家收留我。一想到祖父对老家的留恋，离家当时，以及后来空房子出售时，我都有些难受。然而，以后辗转在亲戚家、学校宿舍和外借住房的过程中，房子和家庭的观念渐渐地被赶出我的脑海。我总是梦见自己在流浪。甚至连祖父也觉得让亲戚看到会不放心，一直珍藏在他最信赖的美代家的我家家谱，如今依然锁在美代家佛坛的抽屉中，我从未想到要去看看。不过，我并不觉得对祖父有什么愧疚，因为我模模糊糊地相信着死者的睿智和慈爱。

一九二四年记

发表于《文艺春秋》一九二五年八、九月号

后记之二

《十六岁的日记》是一九二五年我二十七岁时发表的。那是一九一四年我十六岁那年五月的日记，在我发表的作品中执笔最早，因此放在这套全集的卷首。（“十六岁”是虚岁，实足十四岁。）

此文发表时写有“后记”，有关本日记一些想说的都在那个“后记”之中。但是“后记”是想以小说方式写，与事实略有出入。有一句话说：“叔父近来因投机失败破了产，连房产都赔了。”其实，卖掉房产的是堂兄，我想，那是在叔父死后的事，叔父是个谨慎的老实人。此外，说我少年时代的日记装满了父亲出诊的皮包也有些夸张。我中学时代的日记现在大都保存着，但并不太多。

我记得父亲出诊时用的皮包并不是当时医生平时上班用的那种，而是像旅行时用的包，底部又宽又牢固。“用中学的作文纸写了三十页”，准确的页数现在也弄不清楚。我二十七岁抄写的时候，将十六岁时写的原稿撕碎扔掉了。

然而，在编辑这套全集的时候，我又找出这些旧日记，发现两页新的“十六岁的日记”，是二十一和二十二页。二十七岁抄写的时候，这两页日记不知夹在何处漏抄了，所以没给撕掉。一看便知是已发表的日记后面的部分，如此看来，日记并没有三十页。不过，在原稿纸上并不是按格子一字字写的，实际的字数要比二十行二十一格的格数多得多。也许这才概算作三十页的吧。

总之，这两页原本是应该并入“十六岁的日记”却遗漏的，没有日期，但是肯定是接着前面的日记的。因此，决定补抄在此。这样，这两页稿纸也可以撕掉抛弃了。

“身体情况不好，哎，可以不死的人要死了。”话音很轻，刚能听见。

“谁死了？”

“……（不明）……”

“是你吗，祖父？”

“世上的人都会死的。”

“是吗？”

要是常人嘴里说出这话，并没有什么稀罕，可如今是祖父说的，我不能听而不闻，产生了各种联想，某种不安向我袭来。（五个字不清。）

祖父的呻吟声又短又弱，断断续续，但是呼吸好像只吐短气，病情转向恶化。

“是美代吧，我这是怎么啦！早上也罢，晚上也罢，午饭也罢，晚饭也罢，都在似睡非睡中度日，唉，只要让我能吃下去就行的护理令人讨厌……上次听了菩萨的话，我真是太放心不下了，我是否已经被神佛抛弃了呢?”

“哪有的话！菩萨说我在做毫不浪费的事。”美代说。

祖父从空虚的深处发出嘀咕声。

“啊，只是白用了一年（借的钱没付利息而用了），啊，就是十两钱，也牵挂，牵挂啊。”这句话他重复了十几遍。在重复之中，呼吸渐渐困难起来……

“请个医生看看吧！”美代提议，我也只能表示同意，便对祖父说：

“爷爷，请个医生看一看吧。万一有三长两短，也对不起亲戚们呀！”

（祖父怎样回答没有记录，我记得自己曾以为祖父会拒绝的，但没想到，他竟胆怯地答应了，这反使我感到寂寞。）

请阿常婆快去宿川原请医生。

她走后，美代说：

“老爷子，三番（伯父的村子）的钱我也要了，小畑的份额在津之江（祖父妹妹的村子）已借了付过，您就放心吧！”

“是嘛，真高兴！”

对祖父来说，这是真正的苦中之乐。

“您说放心就得念佛啊！”

“南无阿弥陀佛，南无阿弥陀佛。”

啊，祖父的生命不会长久，这份稿子写不到最后的。（写这份日记的稿纸准备了一百张。）在美代不在的几天里，祖父眼看着衰弱下去，现在已经被盖上了死亡的戳印。

停下写日记的笔，我茫然地思考着祖父去世后的事。啊，不幸的我将变得天地间孑然一身。

祖父念好佛接着说：

“听着念佛声，肚子变软啦，而这之前是胀着的。”

阿常婆回来了，说医生不在家。

“说是明天从大阪回来，要是等不及，请去找别的医生。”

“怎么办呢？”美代说。

“唉，不会那么快吧！”阿常婆说。

“是啊，不会那么快的吧。”我嘴上这么说，但听说医生不在家，心中很着急。

祖父打起鼾来，是已经入睡了吧。他张着嘴，眼睛也没完全闭上，一副呆滞的模样。

在枕边的方形纸罩座灯的昏暗的火影中，两个女人默默地用手撑着脸颊。

“哎，孙儿，咋办才行呀……明明这样糟糕，倒很会说道理！”

“怎么办才好哇。”我要哭了。

原文是一页半又三行，会话部分改行后一抄写，变成了四页又四行，只有一点可以肯定：这是续在二十七岁时发表那部分的后面的。《十六岁的日记》因五月十五日美代有事回家，阿常婆来替她，在第二天便中断了记录。这一部分是那以后美代又来我家那天记下的事。

因此，《十六岁的日记》的后记中写的“日记到此结束”与事实不符。五月十六日到这里抄录的部分之间，好像还应有几天的日记，也许已经丢了。

祖父是在五月二十四日去世的，十六日是去世前的八天，这里抄录的部分是更为接近祖父死亡之日的事。

因为祖父的死，十六岁的我已经没有任何亲人，也失去了家庭。

《十六岁的日记》的“后记”中我写过：“当我发现这些日记的时候，最令我感到不可思议的是，这里所记录的每一天的生活，我一点儿也记不得了。若是我已经忘记，那么这些日子的生活跑到哪儿去了呢？在何处消失了呢？对于人会消失在以往之中的现象，我做了思考。”

虽然经历过这种过去，却不记得了，这真是不可思议。在已经五十岁的今天，对我来说，还是觉得不可思议。这是我《十六岁的日记》的首要问题。

说是由于不记得，但是又不能简单地认为这是“消失”或“失去”，此外，这部作品既不是要解释记忆和忘却的意思，也不是要触及时间与生命的意义。然而，对我来说，这部作品确实是它们的一个线索、一种旁证。

记忆力不好的我，并不坚信记忆这种东西，有时会把忘却当作恩宠。

第二个问题是，我为什么要写这样的日记。肯定是自己已意识到祖父快死而想记下祖父的形象，不过，后来想想，在行将死亡的病人身旁，十六岁的自己会写下这种速记式的日记，好生奇怪。

五月八日的日记中写道：“我坐在桌前，摊开稿纸。美代坐着，准备好听取祖父那所谓的亲密的话。（我打算把祖父的话原封不动地记录下来。）”虽然有桌子，但我记得是用梯凳代替桌子，在梯凳边放上蜡烛，我在那上边写《十六岁的日记》。祖父几近失明，不会发现自己在被我写生。

当然，我做梦也不会想到，十年之后，这些日记会被当作作品发表。之所以好歹能当作作品来读，还是多亏了这一写生，而不是早熟的文才。因为想把祖父的话也记下来，无暇修饰文章，所以用的是一种速记式的风格，字也写得很潦草，有些地方后来竟看不明白。

祖父享年七十五岁。

（一九一四年—一九四八年）

招魂祭一景

这是一个风和日丽的秋日，所有的噪声都直冲云霄。

马术姑娘阿光被人群哄闹得沉醉在兴奋之中。她所骑的马，不时会想起来似的高抬起一条腿来。每当这时，光子那被马颠得散了架似的四肢又一下子拢到一处，恢复了知觉，然而，瞳孔的焦点又瞬间丧失了。——忽然间，极远处一张老农的脸庞清晰地映在眼帘上。一个就在跟前站立的男子，解开了外褂的衣带。她心烦意乱，仿佛这一景象也在梦幻之中。

阿光觉得，唯有这神社内闹哄得疯狂，而外面的市面应该早已恢复了平静，数不清的人头像剪影画一般在悄然无声地挪动。

马背上的阿光，犹如一个人被单独弃置在空寂之处，茫然中忘记了哭泣。

一股炒新栗子的清香突然钻进鼻子。真想尝尝……心中惦着这些小事，阿光这才从疲惫不堪的迷离恍惚中清醒过来。

这时，她听到有人嘎啦嘎啦地摇动着细铅丝做的筒形器具炒黄豆的声音。阿光看到马戏篷前的马路对面，有位老板娘一面用右手摇着器具，一面露出漏气般的乳房，给长着颗章鱼脑袋的婴儿喂奶。她丈夫正在同一摊位上用长长的铁火筷巧妙地翻动网上的栗子。

一闻到栗子和黄豆的香味儿，阿光便深深叹了口气。

再边上是卖煮鸡蛋的摊位。

两个淌着鼻涕的小孩在摊前吵架。

“胡说什么！”一个孩子抓起撒在鸡蛋上的咸盐朝对方的嘴里塞去。

“哟！”另一个吐出咸盐，“呸！呸！”地直啐。

“好极了……好味道，好味道！”另一个孩子以古怪、无情的神色舔着嘴。

“住手，你这畜生！”被偷了盐的卖蛋人一站起来，扔盐的孩子就冲着他一撅屁股，说：“你得了吧！”然后把胳膊搭在舔嘴的孩子肩上，一起消失在人群之中。

阿光露出一丝微笑，心想：在这拥挤的人群中，人们只顾看着马戏篷这边，谁也没有发现孩子们的敏捷。——哟，不好！一个眼神不怀好意、长着大耳朵、戴着鸭舌帽、学生模样的人和另一个系着硬质绢腰带、长着狮鼻、一点不像学生的年轻人抓住篷前的栏杆，从观众最前方紧盯着阿光的脸。

阿光因这种意外的视线而不知所措，又有点心慌，好不容易才恢复了劲头。

知道阿光已觉察他们，戴鸭舌帽的扯了扯系硬质绢腰带的人的袖子。

……两个孩子分别骑着两匹戴着马嚼子的骡马，并驾齐驱地绕着圆圈奔跑。在孩子们的身后，阿光双脚分开，站立在两匹马的背上，上身微微前倾，缩起腰，用脚后跟策马疾行。阿光的身子与马的步子取得平衡时，便让两个孩子站在马背上，然后抓住他们的腰带将其举起，再让他俩面对面地骑在自己的双肩上。接着，她又运足气，加强握力，伸直双臂，让两个孩子在自己的肩上站立，孩子们的一只手互握着挺立，同时依托阿光的手臂，右肩的孩子伸出右臂右腿、左肩的孩子伸出左肩左腿，做了一个水平伸直的造型。观众的掌声响起。在热烈的掌声中，马上的三人保持着这一造型绕场一两周。孩子们从阿光的肩头一下子跳到马背上。刚表演完这一杂技，在休息时为了招徕观众，阿光又跑到篷外去展示这一马上的技艺。

三匹马中两匹驮着姑娘，并排站在篷前，最靠右边的那匹马昂起低垂的头，离开队列走动起来。

阿光也跟着牵起了缰绳。

在演出帐篷跟前，马儿从这一头走到那一头，来来回回，目的是引起行人的注意。

马儿又走到右边，隔壁是演八木节[1]歌舞的篷子。

刚出道的流氓贼，

暂时此地来蛰伏……

骑在马上的阿光来到马戏篷的右端，可以看到一个汉子站在木台上正敲击着大鼓边缘，高声唱着，五六个跳大正舞的姑娘站在舞台上，背朝场内的观众，肩上的花洋伞遮挡了上身，正等待起舞。这个演出篷外有一幅大幕布，每隔十分钟左右拉开一次，展现一下舞女们的艳姿。即将正式开演时，敲一下钟便落下幕来，明摆着告诉人们：要看这些姑娘跳舞请在门口买票。

"阿光……好久不见了。"

一个小个子女人凑近刚才盯着她看的学生和系硬质绢腰带的年轻人待过的栏杆叫阿光，阿光却一时想不起她是谁。

"你长大了，我都认不出来了。"

那女人说完，双肘上翘似的一缩，这个习惯动作使阿光突然想起了。

1　八木节是日本群马、枥木、埼玉县一带的民谣，跳盂兰盆会舞时用的曲子。

“啊，阿留！”

阿光斜侧身子，想从马上跳下来，可想到自己那穿着桃色针织连裤袜的粗短的腿一旦离开马背会有多难看时，又不禁改了主意。她骑在马上，掉转马头，靠近阿留。

这时阿留只顾呆呆地望着阿光。

阿光缩回伸直在马腹两侧的双腿，弯腰向前倾身，右手抓住马鬃，左手与阿留的手一起搭在栏杆上，紧挨着她拽住了马。

“现在你住哪儿？”

“日暮里。”

“还和源吉一起住吗？”

别说“那还用问”的回答声听不到，阿留好像连点点头的精神也没有，只是默不作声。

“近来干些什么？”

“……”

“源吉在干什么？”

“……”

“唉，你这个人……这是怎么啦？像白痴一样。”阿光说话时几乎没看对方一眼。这时，她才强打起疲惫不堪的精神看了看阿留，阿留那张本来就小的脸显得更小了，额发稀疏，前额发亮，目光呆滞。

“你和源吉分手了？”

“没有。”

“还在日暮里吗？”

“嗯。”

“是吗？”

阿光意识到自己心不在焉地再次问了刚刚问过的阿留的住址，觉得怪不好意思的，但阿留对此毫不介意。

“阿光，你长大了，几岁啦？”

阿留若有所思，从正面茫然地凝视着阿光。阿光从栏杆上抽回左手，搂住马脖子，把脸贴在上面，以掩饰羞涩。

“阿光，你多大了？”

“问这干吗？”

“真的，多大了？”

“十七。”

“伊作还在吗？”

“嗯，还在。”

“阿光……你可别上伊作那种人的当呀！”

“可……”阿光吓了一跳，宛如在电车上睡在母亲膝盖上的孩子被撞醒时一般。

“可是……”她不由得想要申辩，又惊得咽下了话头。

“那家伙是个魔鬼。”

“嗯。”阿光不知不觉地把马鬃紧紧地攥在右手中。

“我上这儿来的时候想，准能碰上什么人的。”

“是吗？”

“你长大啦！”

“……”

“挺无聊的吧？”

“怎么说呢？”

“现在就别再干这一行了！”

“嗯。”

“弄上一身的马臭，就完了。”

“嗯。”

“那模样可没法去见爹娘。”

阿光的心受到强烈的震撼，她无法正视僵尸一般的阿留，唯有马皮在眼帘中漠然地扩大。她似听非听之时，心中充满了自怨自艾之情。

“阿仓也出演吗？”

“今天他休息。”

“是吗？”

“我说，你不去看看吗？”

“看了也没意思。”

“那倒也是。”

“阿光，要是成了男人的玩物就无出头之日了。”

“……”

“那就跟死了一样！”

“……”

“认准谁，早点跳出去吧！”

“……”

“我去听听《八木小调》吧。”

阿留一个劲地瞅着阿光的脸，想要说的话就是这些。她急匆匆地走了，像说完这些话就再也没有别的事一样。

友邻的篷子里滑稽舞演得正热火。

阿光抬起头，见有人聚过来听她们俩讲话。刚才那两个戴鸭舌帽和系硬质绢腰带的人，不知什么时候又回到这儿伫立着。

“不好。”仿佛是噩梦方醒发现自己的睡相被众多的人看到一样，阿光哭笑不得地直起身。

“……不过，阿留！被伊作欺骗也罢，没被骗也罢，结果还不是一样！又不是伊作一人……”阿光目送阿留远去。她两腿踏蹬，上身微微前倾，抬起腰，用脚后跟策马快速跑去。——阿留走路的模样不是还没有脱离原样吗？伸开短腿，摇摇摆摆地走路，那不正是当年骑马的样子吗？臀部下坠得难看的阿留，如果不穿那件短外衣，那背影也委实难看。

阿光觉得眼眶发热。

“……我以前也像刚才的孩子那样骑在阿留姐的肩上，提心吊胆地抱紧她的头，又站在她的肩头，叉开腿。阿留不也成了男人的玩物吗？你当时不也只好认命吗？”

骑在马上的另两个人对阿光和阿留的邂逅做出一副全然不知的样子，在篷前悠然地来回走动。

阿光骑着马走进两匹马之间。

阿光像孩提般单纯的心翻腾不已：虽然不是阿留在欺侮自己，但自己还是沉浸在赶走欺侮自己的人的母亲所给予的慰藉之中，想来自己之所以受到欺侮还在于太淘气，不由得心中发誓，今后得规矩点。不知怎的，她感到羞涩，弯缩的膝盖也伸不直了。阿光像世上的寻常女人一样，端正地坐在赤裸的马背上。

马戏团最红的演员居然特地给自己起了个时髦的艺名，叫樱子。她挺起胸脯，脚尖打着拍子，哼唱着小曲，策马从阿光跟前走过。

“樱子不也一样吗？她很倔强，要么打男人耳光，要么又咬又踢，可下场还不是一样。从一开始我们就不是伊作的对手……”阿光喃喃自语，想说些让自己宽心的话，结果反而羞涩得难以自已，如同一位初次演出的小姑娘，为自己穿上簇新的、腰间及袖口打着皱褶的大红大绿的马服而难为情一样。

于是，她一下子趴下上半身，抱住马脖子，把脸埋入人们看不见的鬃毛里。她嗅到了一股马臭味。

有股马臭。阿光又想到告诫她会弄得一身马臭的阿留，她的出现也平添了几分可笑。阿光做了个怪相，稍稍抬眼一看，前面威严可敬的樱子在阿光看来倒是挺有出息的。

“阿樱!”

樱子盛气凌人地回头瞥了一眼。

“阿樱，你认识那个人吗?”

“原来在这儿的吧?”

“嗯。”

“那模样好像屁股就要着地了。”

“不过，长期骑马就会变成那副样子呢?”

“讨厌！她得过中风吧，要不，准是得过风湿病。”

“是吗?”

“那模样活像乞丐。”

“可想到我们也会变成那模样就会觉得沮丧。”

“那就取决于你的秉性了。”

胸前佩戴着有链子的银牌奖章的樱子，抿紧朱唇，两颊露出酒窝，宽下巴的脸上神气傲慢。她来到马戏篷的左侧，拨回了马头。

魔术篷前的幕布拉了起来，让外面的人可以窥到里面。

一个身穿桃色外衣和青色内衣的女子在舞台上从啤酒瓶里不停地扯出万国旗，最后一面是大太阳旗，还吧嗒吧嗒地翻舞着。阿光甚至还看到，她一边扯旗一边一二一二地数数。每次数数，就会一左一右地交替扬起那长长的下颌。

阿光也学着她的样子，在马鬃后面试着斜斜落下下颌再扬起。两三次后，心情顿时变得快活起来。

阿光将脸从马的右侧移到左侧后面，随樱子拨转马头。

……现在，阿光的身体每天都受到可怜的摧残。越受折磨，她的梦就越美。不过，她已经不相信美梦与现实之间的桥梁，她所希冀的是能跨上天马，尽情地跃上天空，飞向美梦的世界……

在心情豁然开朗时，阿光还这样回答梦境中的自己：

“不过，阿樱不像我，谁也不会说她是狐狸精。而且她还说我们俩不仅长相不同，性格也不一样。”

“在说些啥呀，你这个人！”阿光自言自语。适逢她的坐骑走到马戏篷前正中靠近入口处的地方，阿光如同一个刚哭过又开心起来的孩子想顽皮一下，便双膝用力，一下子跳到另一匹屁股正朝着行人吃着干草的无鞍马上。

“哟，瞧这丫头！”

一旁马戏班的老板娘吓了一跳。

“老板娘，阿留姐来过了！”

“知道！你这是干什么呀，学这怪动作……”

这个不合时宜的离奇的杂技动作使阿光感到很不好意思，怎么也无法掩饰。

她的美梦一瞬间便清醒了。

之后又走了半圈……

樱子攥紧缰绳，从突然打开的篷门跑进马戏篷内。

阿光也轻轻吹着口哨策马跟进。

篷中央铺着圆形地板，在上面表演杂技的孩子们像老鼠一样四下散去。

“嘘，嘘……”

伊作爽快利索地出现在正中，高声吹响口哨。

不光是马匹，连阿光听到他的口哨声都为之精神一振。

伊作用长长的皮鞭猛抽地板，驱赶马儿。皮鞭在追逐樱子的马。

绕场两三周后，为了表演杂技，阿光再次屈起双脚，端正地坐在马背上。

两个男子站在马道的两侧，把一块门幅为二三尺的红色长布的四角拉紧，横在马道上。坐骑经过时，马从红布下钻过，姑娘则双脚用力地从红布上跃过，然后在布的另一端，落在从红布下钻出的马背上，再继续前进。

樱子敏捷地跳了过去。

紧接着，阿光也无暇他顾，但她的脚尖被红布挂住，双手撑在马背上，失手了！

伊作的眼睛在严厉地训斥。皮鞭开始追赶阿光的马匹。

阿光发疯似的跃过第二块红布。两个男子很机灵地在瞬间用力将红布向后拉去，为她那靠不住的膝力助了把力。

阿光没有时间思考愿意与否，她像扑到小鸡的老鹰一般，随着马儿不停地向前跑去。

即便如此，阿光在不知不觉之中不知怎的又在马上站立起来，准备做下一个杂技动作。

樱子双手拿着点燃火的半椭圆形铁丝的两头，在绕场旋转的马背上轻巧地表演单人跳火绳的节目。在火焰形成的椭圆形画框里，她就像一位女神，从脚下到头顶被光圈围住，美轮美奂。

阿光接到的铁丝圈，火苗已燃至椭圆圈的顶端了。像跳绳一样，她把铁丝圈从后面转到前面，转到脸部时，耳畔响起火焰的扑哧声。难道今天的火光会从眼前直入心扉吗？她的双手一下子变得迟钝起来，失去了节拍。她只好从后面重来。脚下刚跃过铁丝圈，就觉得这一次只有马匹腾空而起，自己的立足点好像业已丧失，眼睛也有些发花。

樱子把半椭圆形弄成全椭圆的火光圈，自己的身影罩在其中，连演几个妙技。

樱子画出的椭圆在阿光的眼中时隐时现。她感到站立在与自己不合拍的马背上是很危险的。

“嘘，嘘，嘘……”伊作吹起口哨来。

阿光心里万分冲动，真想倒在地上猛踢猛打地痛哭一场。

每天不知重复多少次的这个灵巧优美的杂技，不知是真的不会，还是任性不想跳？抑或是前一阵的身体不适，加上三天招魂祭的疲劳，一时爆发而大病缠身？阿光自己也闹不明白。

摇摇晃晃的一刹那间，阿光把火焰扔到了马匹跟前，咚地一屁股坐在马背上。

阿光的马受惊后高抬前腿，飞快地奔跑起来，轻轻地擦到了樱子的马腹。

“啊，赶上樱子了，超过樱子了！”……只有这一点，阿光是清醒地意识到了。就在这时，腹部碰擦的两匹马微微地晃了晃身子，马戏团的明星樱子连同火焰的光圈一起掉落马下。

（一九二一年）

精通葬礼的名人

一

我在少年时代就失去了自己的家庭和亲人。学校放假回乡探亲时寄宿在亲戚处，这家住了住那家。不过，大部分时间住在两家近亲处，一处在淀川河南的河内界内的镇上，另一处在淀川河北的摄津界内的农村。我乘摆渡船来来往往，无论走到哪家，总听得迎接我的人说：“你回来啦！”而不曾有人说：“啊，是您来啦！”

二十二岁那年暑假，在不到一个月的时间里，我参加了三次葬礼，每次都穿上父亲的遗物——罗纱礼服和白袜子，手里还拿着念珠。

第一次是河内那家远亲的葬礼，那家户主的生母死了。她死时已是高龄，连孙子也将近三十了。久病不愈期间，一直受到尽心的护理，可以说她的死是毫无遗恨的极乐往生。当我看到户主黯然神伤的表情和死者的孙女们通红的眼睛时，我感到了他们的悲哀。然而，我并没有那种直接怀念死者并为之悲怅的心情。我在死者的灵前烧香，却并不认识这位已经入殓的人。我常常会忘记还有这样的死者存在。

出殡前我穿上礼服，手拿念珠和圆扇，与摄津家的表兄一起去吊唁。我虽然年轻，但是一举一动和葬礼的气氛极其适称，远比表兄显得沉稳，轻松地完成了使命。表兄有点儿惊异地看着我，并学着我的样子做。本家有五六位堂兄弟也在，我们就不必在他们跟前伤心了。

过了一个星期，摄津家的另一位表兄打电话到河内家来找我，说是姐姐婆家的析居家又有葬礼。说是我不去还不行，听说以前他家曾有人来参加过我家的葬礼。我和摄津家的表兄结伴坐火车同行。说是去那家吊唁，可除了丧主之外，谁是家属都闹不清，我们甚至连死者的大名都一无所知。表姐家成了奔丧者的休息处，而她家亲戚的聚会则在另一个地方举行。在那个聚会上，没有人议论死者的情况，人们牵挂的只是酷热的天气和出殡的时间。有时也有人问到死者是谁、享年多少岁什么的。我一直在下围棋，等待着出殡的时间。

之后，摄津家的表兄从工作单位再次打电话到河内家来，请我代他参加姐姐婆家一家远亲的葬礼。关于办丧事的人家、所在的村名和墓地，表兄一无所知。在商量的过程中，表兄开玩笑地说：

“你是精通葬礼的名人嘛！”

我沉默了。在电话中，表兄无法察觉我当时的脸色。

我答应去参加这个月的第三次葬礼。河内家年轻的表嫂苦笑着说："你真像是个开殡葬店的。"正在缝制衣裳的表妹也只瞅着我的脸。我又渡过了淀川河，打算当天晚上住在摄津家，次日早晨再从那儿出发。

听了表兄笑着说的"精通葬礼的名人"这句话，我不禁回忆起自己的往事。过去的经历和遭遇使我对这句话特别敏感。说句实话，从幼年时代起，我已参加了无数次葬礼。我完全掌握了摄津地方的殡葬习俗，这一是我家亲人连连病故，再就是我常常代表家里参加在农村举行的令人腻烦的丧葬的缘故。葬礼中，属净土宗和真宗的最多，禅宗和日莲宗的殡仪我也懂得。现在还记得的目睹死者临终的情况就有五六次，有三四次是我头一个用死者口中的水去濡湿他的嘴唇为他送终的。我烧过头香和最后所谓的"殿后香"，捡骨灰、装骨灰也是家常便饭。我还熟悉死后七七四十九日的法事的习惯做法。

那年夏天去世的三人，我都不认识，因而没有切肤之痛。我只是在墓地烧香时竭力排除杂念，静静地祈祷死者的冥福。不少年轻人烧香时垂首低头，而我却是合起掌来默哀。我总觉得，在大多数的场合下，比起那些与死者的关系疏远的送殡者，我的心要虔诚得多。我之所以会产生这种心情，是因为葬礼气氛的感染使我回想起自己已故的亲人们在世、临终及举行葬礼的往事。通过这背道而驰的回忆，我的心又会自然地平静下来。越是生前同自己关系疏远的人的葬礼，越容易使我产生这样的心情：我仿佛和自己的记忆一起走向墓地并面对自己的记忆合掌、烧香。因此，我虽然还是个少年，在一个陌生人的葬礼上却能以恰到好处的神情应付自如。这并非虚伪，而是我本身固有的寂寞感得到了表现。

二

关于父母的葬礼，我已经毫无印象了。他们在世时的事早已遗忘殆尽。曾有不少人对我说过：别忘记父母，要多想起他们！可是，我即使有想要回忆他们往事的愿望也办不到。看父母的照片会产生一种奇妙的压抑感。照片上的人既不像画像，也不是活人，既不像亲人，又不是陌生人，而是介乎这几者之间的一种中间物。对照他们的照片看我的脸，双方都感到羞耻。人们给我讲述父母的情况时，我真不知道该用一种怎样的心情去听才好，只盼着对方快点结束他的话。他们告诉我父母的忌辰和享年，如同我所见到的电车号码一样，我很快就忘却了。我还从伯母那儿听说，在父亲出殡那天，我在佛坛前哭闹，不许别人敲锣、点明灯，并要把素陶器罐中的油倒在院子里。很奇怪，唯有这些事打动了我的心。

祖父也来到了东京。父亲是东京医学校毕业的，这个学校的校长的铜像建在汤岛天神社。我来到东京的第一天就被带到那座铜像前，当时我的心情怪得出奇，总觉得铜像是个半生物，看着它觉得很羞耻。

祖母的葬礼是我进小学那年举行的。祖母和祖父共同把孱弱的我抚养大，她是看到自己的孙子进了小学而心情轻松地死去的。出殡那天，正下着瓢泼大雨，我是由熟人背到墓地去的。十一二岁的姐姐身穿白丧服，由人背着在我前面登上了红土山道。

祖母的死使我首次对家里的佛坛产生了诚挚的感情。我选择祖父不在的时候把佛堂平时紧闭的纸槅门拉开一条细细的缝隙，然后关上，再拉开，再关上，不知疲倦。我通过那道门缝往里偷看明灯照亮的佛坛，就这样来消磨时间。不过，我不喜欢打开纸槅门走近佛坛。每当站在平地，举头仰望静静地照亮山顶部的斜阳时，不知为什么，我总会联想起八岁时所看到的佛坛明灯的颜色。在祖母死后一年的时间里，我在佛堂的白纸槅门上用片假名胡乱涂写的祖母的长长的法名，一直保留到这幢房子出卖时为止。

被人背着去祖母墓地的姐姐到后来只有她那身白色的丧服还留在我的记忆之中。我闭上双眼，努力在这套白衣上安上姐姐的头和她的四肢，于是，那条红色的山间小路和大雨渐渐清晰起来。这不能令人满意的回忆使我焦急万分，那个背着姐姐的人的背影也想不起来了。这宇宙中轻悠漂浮的白色，便是我记忆中姐姐的一切。

从我四五岁时起，姐姐由我亲戚家抚养，到我十二岁那年，她就死了。我对姐姐的感情如同对父母的一样麻木。祖父一再强迫我为姐姐的死悲哀。我曾在自己的心中搜寻，却不知应该将什么样的感情寄托在什么东西上才能感受到悲伤，只有衰老孱弱、痛断肝肠的祖父的模样深深地刺痛了我的心。我的感情靠近祖父并停留在他的身上，不愿再超越祖父奔向姐姐。祖父通晓易经，擅长占卜术。他得了眼病，晚年几乎失明。他听说姐姐危笃，曾静静地数着筮竹签为孙女占卜。我一边帮着视力极差的老祖父放好算木，一边凝视着他那张苍老的脸越来越阴沉下去。两三天后，传来了姐姐的噩耗。我不忍心立即告诉祖父，把那封信私藏了两三个小时后才下决心念给他听。那时一般的汉字我都识得，有些认不上来的潦草的字，就拿起祖父的手来，在上面写上几遍让祖父辨认，这已经成了习惯。想起当时握祖父手时的触觉，至今我的左手掌还阵阵发凉。

在昭宪皇太后举行葬仪的那天夜晚，祖父死了，这正是我十六岁那年的夏天。祖父咽气前气管里淤塞着痰，他痛苦得乱抓胸脯。病榻边的一位老妪说，祖父活像佛老爷，可临终前为何如此痛苦呢？我实在不忍正视这般痛苦的场面，便逃到别的房间里，待了将近一个小时。一年之后，一位表姐责怪我说，对着唯一的亲人，你这样做是薄情寡义。我沉默了，她们这样看是有道理的。少年时代无论遇到什么事，我都不爱自我辩解。如果以老妪的话沉重地打击了我而使我离开祖父枕边为理由，那么，哪怕多解释一句也将给祖父添耻。突然，一种漫无边际的寂寥深深地沁入我听到表姐责难后缄默无语的心中，我不由得感到这世上只有我一人存在了。

祖父葬礼那天，正当接受众多的送殡者的吊唁的时候，我鼻孔中突然淌下了血。我大吃一惊，用和服腰带的一端捂住鼻子，赤着脚来到院子里，在石头道上奔跑。我仰卧在树荫下人们看不到的一块三尺高的庭院景观石上，等着鼻血止住，只见炫目的阳光从老橡树叶的缝隙中射下来，碧空成了瓣瓣碎片。出鼻血可以说是有生以来的头一遭，它使我感到了祖父的死给我心灵留下的悲痛。家里人多混杂，作为唯一的家属，我必须接待前来吊唁的人们，加上办丧事的一切杂事使我没有片刻思考的闲暇，因而我一直没能从容地想过祖父的死和自己的今后。我并不认为自己是软弱的，但是，鼻血挫伤了我的锐气。我刚才下意识地跑出来，主要是不想让人看到自己软弱的形象。我觉得自己作为一个葬礼的主人，在即将出殡前出鼻血是对不起众人的，这样会引起一阵骚动。在祖父死后的第三天，我在景观石上首次得到了属于自己的安静的时间。这时，那种孑然一身的孤寂感又茫然地涌上心头。

第二天早晨，我和六七名亲戚、乡亲一起去捡祖父的骨灰。山上的火葬场没有覆盖物。我们挖出骨灰时，下面的余火未尽，我们在余火的烘烤下扒了一阵骨灰。这时，鼻血再次流下来。我扔掉了竹火钳，交代了一两句话就解开了腰带，并用它的一端摁住鼻子，一口气跑上了山顶。和昨天不同，鼻血怎么也止不住，大半根腰带和手上全染红了，鲜血一滴滴地落在青草上。我静静地仰卧着，向下可以看到对面山麓边的小湖，水面上跳跃着的晨光远远地反照着我，令人目眩。我感到自己的眼睛衰弱了。三十分钟后，他们在远处齐声叫了我几次。腰带是黑色的，总算看不出血来。我系挂着被鼻血濡湿的腰带，回到了火葬场，人们一齐向我投来了责备的目光。他们说，祖父的骨灰已经找到，命我捡起来。我若无其事地以一种寂寞的心情捡起了祖父的一小块遗骨，把鼻血濡湿后干得变硬的腰带一直缠在身上。第二次出鼻血又神不知鬼不觉地过去了，以后也一直对人守口如瓶。迄今为止，我从未开口向人说过或问过有关自己亲人的事。

我是在远离城市的农村长大的，夸张一点说，祖父死后，全村五十家人都在为我悲悼，为我哭泣。出殡的行列经过村中，乡亲们都站在街口。当走在棺材跟前的我从他们面前通过时，妇女们放声大哭起来，只听见她们连声说：

“可怜哪，真可怜。”我很尴尬，又很羞耻。过了一个街口，这个街口的妇女又抄近道来到下一个街口处照样地为我哭泣。

从小，周围人们的同情企图把我培养成一个“可怜虫”。对此，我的心中一面老老实实地接受了人们给予的恩惠，一面又倨傲地进行反抗。

在祖父的葬礼之后，接踵而来的是姑奶奶的葬礼、伯父的葬礼、恩师的葬礼以及其他亲朋的葬礼，使我悲痛万分。父亲留下的那套礼服，只有表哥婚礼时用于一次喜事。在无数个葬礼日中，我穿着它走向墓地。就这样，终于让我变成了一个精通葬礼的名人。

三

那年暑假中的第三次葬礼是在离表姐家一公里半的邻村举行的。我就像去表姐家玩似的，在那儿住了一夜。离开表姐家时，她家的人笑着对我说：

“搞得不好，还得请你来一次呢！这儿有个患了肺病的姑娘看来过不了这个夏天，正等着你哪！”

“名人不来就没法出殡嘛！”

我用包袱巾包好礼服的外褂和裙裤，回到了摄津的表哥家。正好有位表妹在院子里，她一见我便高兴地笑着说：

“你回来啦，殡葬师？”

“别说傻话，去给我拿些盐来吧。”我站在门口说。

“盐，做什么用？”

“洁身，否则不能进屋嘛。”

“讨厌，你这个神经病。”表妹拿了一把盐夸张地朝我身上撒来，说道，“这下行了吧！”

表妹把我有点汗湿的衣服拿到向阳的走廊上去晾干。一阵风吹来，飘出一股汗臭，表妹蹙了蹙眉，随即开起玩笑来：

“难闻难闻，哥哥的衣服上有一股墓地的臭味儿。”

“真不吉利，我可不懂什么叫墓地臭。”

表妹还在笑，说：“我知道，就是那种烧头发的臭味。”

（一九二三年）

译后记

本作品集收录川端康成的中篇小说《古都》和三篇短篇小说。

中篇小说《古都》连载于一九六一年十月至一九六二年一月的《朝日新闻》，是诺贝尔文学奖三部入选作之一。

小说写一对孪生姐妹悲欢离合的际遇。由于家境贫寒，孪生姐妹出生后，姐姐千重子即遭遗弃，被一个绸缎批发商家收养，出落成一位养尊处优的小姐。妹妹苗子虽然留在父母家，却在襁褓之中就成为孤儿，孑然一身，长大后留在村庄里受雇于人，上山植杉，自食其力。姐妹俩容貌端丽，心地善良。千重子感受性强，有着少女纤细的情感，春花秋虫，能使她联想到大自然的永恒、生命的短暂；高耸的北山杉，也能使她感悟为人的正直之道。妹妹苗子温厚淳朴，宛如北山杉的精灵，挺拔、秀丽、生机勃勃。雷雨袭来时，苗子以身躯庇护姐姐。为了不影响姐姐的婚事，她宁可割舍自己的爱情。最后，苗子避人耳目，于夜深之时，应邀到千重子处同床夜谈，体味姊妹情义。翌日拂晓，细雪纷飞，苗子离开千重子，又去承受生活中的磨难。

本作品为川端康成的晚年之作，一扫其晚年作品中常见的消极颓废色彩，总体格调健康向上，清新朴实。在描写爱情方面着墨不多，仅仅渲染出一点氛围，写得颇为纯正。“没有偷情”“最是老实本分”，连川端本人都觉得“不可思议”，是本性中的正念占了上风。作者在作品后记中写道：执笔此作时，自己曾服用了大量的安眠药，以至于精神恍惚迷离，可写出的东西反倒出乎自己的意料。写完《古都》十天以后，他就住进了医院。作者笔下的孪生姐妹，是作者刻画的女性形象中颇为健美、惹人喜爱的纯洁少女，也可以说是作者心目中真善美的化身。作品一开头，作者就用大枫树上两株寄生的紫花地丁来比喻姐妹俩的命运，即虽然咫尺天涯，相见有期，却终难聚合。因为姐妹俩无力抗拒的命运和少女们多愁善感的情怀，作品在明快之中透露出些许诗意的伤感。这部小说一共连载了一百零七回，隐约暗示出女主人公的爱情结局不会圆满。“倘若接着写下去，《古都》大概就会变样，怕是要写成两个少女的悲恋或是悲剧了。”

川端康成写作《古都》时说：“想写一篇小说，借以探访日本的故乡。”“京都是日本的故乡，也是我的故乡。”“我把京都深幽的景色，当作哺育我的‘摇篮’。”这说明川端康成对京都有着浓厚的乡情。据说《古都》就作于流连京都之时。沿途的景物，观赏之余，不仅能使他的心理趋于平衡，更能启发他的文思。坐在旅馆一隅，“便能忘怀一切，兴起清新活泼的灵感”。京都历史悠久，一千多年来常为历代王朝的建都之地。优美的自然景致和四时风物，足可代表日本秀丽的山河。各种节令与风俗，也体现了日本人民自古以来与大自然搏斗的魄力和传统。一处处名胜古迹和佛舍浮屠，更反映了民族的智慧和情趣。因此，京都堪称日本文化的荟萃之地，是日本人的精神故乡，也涵育了《源氏物语》《枕草子》等优秀的民族文学。在《古都》中，作者让读者随着千重子去寻访京都的名胜，欣赏平安神宫的樱花、嵯峨的竹林、北山的圆杉、青莲院的楠木，领略每年一度的盛大的祇园会、时代祭、伐竹祭、鞍马的“大字形”篝火等。小说就像一幅京都的风俗长卷，让读者去体味日本的情趣和传统美。

进入二十世纪五六十年代，日本经济开始高速发展。意识到历史进程的无情、社会发展的代价，作者深恐传统不继，盛事难再，便把古都的种种捉诸笔端，写照留影。川端把故事置于战后日本五六十年代的社会环境中，反映了战后经济恢复、起飞后，日本的生活方式日趋欧美化、古老的京都西阵传统工艺濒临危机、古都的社会风貌受到现代化冲击而出现的时势变化等各种社会现象。比如，随着旅游业的发展，许多原本住在京都的老居民被迁移至比较偏远的郊外居住，千重子的母亲阿繁一想到自己家在不久的将来将不得不迁居，就心事重重。自平安朝时代延续下来的西阵所生产的高级精美丝织品，随着化纤工业、毛纺织业的兴起，受到巨大的打击：和服生产过剩，老字号商家相继倒闭，中小作坊靠停工来限产压产。此外，美国占领军在景色如画的植物园里盖房子，使景色“失去了京都的情调”；古老的樟树“被美军伐倒”，美军划出“禁止日本人入内”的土地，令作者感到“内心的悲哀”，这其实就是对日本传统文化失落的悲哀。川端康成把《古都》这部表现自然美、人情美，具有浓厚传统气息和特异色彩的优秀作品放在当时的社会环境里来写，用跟时代相联系的手法写作，也属比较难能可贵、值得称道的。

本作品集中还收录了川端康成早年的作品《十六岁的日记》《精通葬礼的名人》和《招魂祭一景》。“天涯孤儿”是作者的自况之语，意为孤儿的意识、孤儿的悲哀。川端两三岁时，父母就病故了，他改由祖父母抚养。七岁那年，祖母去世后，他与又聋又瞎的祖父相依为命，过着凄凉落寞的生活。祖孙两人孤零零住在村子一隅，与人少有来往。亲朋故旧也日渐疏远，偶有稀客上门，祖父竟会感激得老泪纵横。三年后，寄养在姨父家的姐姐也悄然死去。虚岁十六那年，唯一的亲人祖父归天。于是，“一股无边的寂寞，忽然袭上心头，感到自己竟是孑然一身”。还在祖父的垂危期，川端预感老人来日无多，用日记记叙了祖父临终前的病情。虚岁十六、实足十四岁的川端在十一年后发表的这篇短篇小说，用冷峻的目光，凝视了一个生命的寂灭，谛视了人生的无常。川端康成认为《十六岁的日记》是他的处女作，“是优秀的”，也是“难以动摇的作品”。

谭晶华

二〇二一年十二月九日

图书在版编目（CIP）数据

古都/（日）川端康成著；谭晶华译. --长沙：湖南文艺出版社，2023.1

ISBN 978-7-5726-0896-4

Ⅰ.①古… Ⅱ.①川… ②谭… Ⅲ.①中篇小说-小说集-日本-现代 ②短篇小说-小说集-日本-现代 Ⅳ.①I313.45

中国版本图书馆CIP数据核字（2022）第194106号

古 都

GU DU

［日］川端康成 著　谭晶华 译

出 版 人　陈新文

出 品 人　陈　垦

出 品 方　中南出版传媒集团股份有限公司

上海浦睿文化传播有限公司

上海市巨鹿路417号705室（200020）

责任编辑　吕苗莉

装帧设计　凌　瑛

责任印制　王　磊

出版发行　湖南文艺出版社

长沙市雨花区东二环一段508号（410014）

网　　址　www.hnwy.net

经　　销　湖南省新华书店

印　　刷　深圳市福圣印刷有限公司

开本：787 mm × 1092 mm　1/32　　印张：9.75　字数：168千字

版次：2023年1月第1版　　印次：2023年1月第1次印刷

书号：ISBN 978-7-5726-0896-4　　定价：58.00元